W0071162

BASTEI
LÜBBE
TASCHENBUCH

Über den Autor:

Christian Klein, Jahrgang 1985, ist verheiratet und lebt aufgrund des immer noch nicht eingetretenen plötzlichen Reichtums am Rande des Rheinlands und nicht in einer Luxusvilla auf den Malediven. 2016 verarbeitete er mit *Neulich im Discounter* einige spaßbefreite Monate an der Ladenkasse im Lebensmitteleinzelhandel zu einem urkomischen Buch über Begegnungen mit skurrilen Kunden.

Christian Klein

WiE ViEL WiEGT EiN iNSTAGRAM?

**Warum uns das Smartphone (doch nicht)
zur Krone der Schöpfung macht**

BASTEI
LÜBBE
TASCHENBUCH

BASTEI LÜBBE TASCHENBUCH
Band 60993

Dieser Titel ist auch als E-Book erschienen

Originalausgabe

Copyright © 2018 by Bastei Lübbe AG, Köln
Textredaktion: Stefan Lutterbüse
Titelillustration: © Zmiter/www.shutterstock.com
Umschlaggestaltung: FAVORITBUERO, München
Satz: hanseatenSatz-bremen, Bremen
Gesetzt aus der Serifa Std
Druck und Verarbeitung: CPI books GmbH, Leck – Germany
Printed in Germany
ISBN 978-3-404-60993-2

2   4   5   3   1

Sie finden uns im Internet unter
www.luebbe.de
Bitte beachten Sie auch: www.lesejury.de

INHALTSVERZEICHNIS

Dieses Buch ist meiner Mutti, meinen beiden Neffen und meiner Nichte, der Prinzessin, gewidmet. Nehmt es mir bitte nicht übel, dass ich ausgerechnet euch mehr als einmal als Beispiel heranziehen musste, das ist nicht böse gemeint, sondern einfach nur die späte Rache für eure feuchte Aussprache, mit der ihr mir die Zeit als Babysitter verschönert habt. Von meinen T-Shirts gar nicht zu reden.

So, und jetzt wieder Kopf runter, Smartphone gucken. Jo!

Zum Geleit

Das Wort *Smombie* wurde 2015 von einer Jury zum »Jugendwort des Jahres« in Deutschland gewählt. »Smombie« ist ein Kofferwort aus den Begriffen »Smartphone« und »Zombie«. Welches Geheimnis hinter dieser Bezeichnung liegt, werde ich in diesem Buch nach und nach aufdecken. Erwarten Sie also eine literarisch-investigative Reise voller Spannung, Geheimnisse, Poesie, Erotik, mit dramatischen Wendungen und erschütternden Wahrheiten ... oder hören Sie auf etwas zu erwarten, und lesen Sie einfach weiter. Aber ich muss Sie warnen: Dieses Buch enthält teils extrem verstörende Szenen und Situationsbeschreibungen, die sich nachhaltig auf Ihren Smartphone-Alltag auswirken können.

Zum weiteren Geleit:

Im Verlauf des Buches werden Sie auf unbekannte Ausdrücke, Fachwörter oder Abkürzungen stoßen, die zum Teil im nachfolgenden Text erläutert werden, im Erklärbär-Teil des Buches oder im Anhang. Wie das funktioniert, werden Sie bestimmt selbst herausfinden. Kommen Sie schon, ein bisschen Spaß machen soll das Ganze ja auch ...

PROLOG

Jeder besitzt es, jeder nutzt es, rund um die Uhr. Ich rede vom Smartphone. Ich nehme mich gar nicht aus, darf aber behaupten, dass ich ob der Gnade der frühen Geburt sogar *ohne* Handy – geschweige denn ein Smartphone – *aufgewachsen* bin.

Wer »in« ist, besitzt heute entweder ein iPhone von *Apple* oder ein Gerät von *Samsung*. Welches das bessere Smartphone ist, muss jeder Nutzer für sich selbst entscheiden. Es gibt erstaunlicherweise noch andere Hersteller wie *HTC*, *Huawei* und *Motorola*, es soll sogar *Windows-Phones* geben, die habe ich aber noch nie gesehen, vermutlich also nur ein Märchen, eine Internetlegende. All diese anderen Anbieter neben *Apple* und *Samsung* bedienen nur eine verschwindend geringe Minderheit. Welchen Hersteller ich bevorzuge, werde ich nicht sagen, für den Moment reicht die Information, dass in unserem Haushalt beide Smartphone-Riesen vertreten sind. Da mir trotz meiner unermüdlichen Anfragen per WhatsApp, Instagram oder Facebook-Posts weder *Apple* noch *Samsung* Unsummen an Geld überweisen wollten, damit ich sie in diesem Buch gut wegkommen lasse, habe ich mich entschlossen, diese Firmennamen fortan nicht weiter zu nennen und stattdessen von *Fallobst* und *Korea* zu sprechen.

Ich war in meiner Jugend stundenlang damit beschäftigt, Briefe zu schreiben oder Liebesbriefe zu beantworten. Mit einem Füller. Freiwillig, weil so alt bin ich auch wieder nicht. Zugegeben, es ist nicht so, dass ich jemals einen Liebesbrief bekommen hätte, aber wenn, dann hätte ich ihn eigenhändig beantwortet, ganz sicher. Es wäre vielleicht noch darauf angekommen, von wem er gewesen wäre, aber ich hätte entweder mit einem handgeschriebenen Brief geantwortet – oder gar nicht.

Heutzutage bekommt man keine Briefe mehr und wenn doch, dann sind es Rechnungen oder Werbeschreiben. Denn jeder, auch ich, kommuniziert mit dem Smartphone. Es gibt Tausende von Apps*, die uns das Leben erleichtern sollen. Es gibt zum Beispiel die App von Skype. Wozu gibt es die? Richtig: zum Telefonieren. Und wofür genau war jetzt das Telefon, das Smartphone, eigentlich da?

Nun, eben dieser Frage will ich in diesem Buch auf den Grund gehen, oder auch nicht. Während ich an meinem Schreibtisch sitze, nach draußen in den Garten schaue und auf mein neues Smartphone warte, will ich versuchen zu erläutern, wie es so weit kommen konnte, was die Ursachen, vor allem aber, was die Auswirkungen der Smartphone-Abhängigkeit sind.

Ich kann den Unterschied zwischen früher und heute auch in der eigenen Familie beobachten: Mein Neffe, der inzwischen 14 Jahre alt ist, bekam sein erstes Taschentelefon vor drei Jahren. Mit elf also. Genau wie meine Nichte, die etwas jünger ist. In beiden Fällen waren es natürlich Smartphones! Was man beobachten kann, ist, dass beide mit den Hightech-Geräten heillos überfordert und tatsächlich darüber erschrocken sind, dass man mit diesem Spielzeug auch telefonieren kann. Hätte ich nur ansatzweise geahnt, was es bedeutet, den beiden ein Smartphone anzuvertrauen, dann hätte ich meine Schwester mit allen Mitteln davon abgehalten. Erlauben Sie mir bitte, zu gegebenen Anlässen auf meine eigenen Familienmitglieder zurückzukommen, die nämlich regelmäßig eindrucksvoll illustrieren, wie man sich in der Welt der Smartphones verlaufen kann. Ich will versuchen, Auswege aus diesem Smombie-Irrgarten zu finden, damit dieses

---

* wird im Erklärbär-Teil erklärt

Buch ein wichtiger und praktischer Ratgeber für Ihren Alltag wird, das Google Maps zur Straße der Überlebenden sozusagen.

Smartphones sind Fluch und Segen gleichermaßen. Wir sind immer, vierundzwanzig Stunden am Tag, erreichbar. Für alles und für jeden. Jemanden nicht zu erreichen ist eine echte Kunst geworden. Im Sommer im Straßencafé zu sitzen und einen Tischnachbarn ohne Smartphone zu sehen, grenzt schon an eine Zeitreise. Selbst die ältere Generation hat inzwischen Smartphones. Ich sage nicht, dass sie damit klarkommen, aber hey, sie haben immerhin eines und zeigen es stolz ihren Freunden und Familienmitgliedern, die es dann oft zum ersten Mal einschalten.

Aber ich will gar nicht weiter auf technische Probleme mit Smartphones eingehen. Dieses Buch soll davon handeln, dass man sehr viele lustige Sachen mit Smartphones machen kann, und davon, wie sich meine Generation fühlt, wenn man von der jüngeren Generation Nachrichten bekommt. Gerade die Jüngsten fühlen sich ja so unglaublich cool, wenn sie ihr erstes Smartphone in ihren Patschfingern halten. Meine Nichte war gerade in der Schule angekommen, als sie zum ersten Mal nach dem Fallobst verlangte. Dabei konnte sie das Wort »Smartphone« kaum schreiben. Im Gegensatz zu meinem Neffen, der »Smartphone« bis heute noch nicht buchstabieren kann. Ich weiß, es klingt arrogant, aber als ich in deren Alter war, war ich orthografisch auf der Höhe der Zeit: H-A-N-D-Y.

Ein kleines Quiz zum Warmwerden. Kennen Sie sich aus in der Welt der Smartphones?

1. In welchem Jahr kam das wirklich erste Smartphone auf den Markt?

A	1992
B	1999
C	2002
D	2007
E	2035

2. Wer war der Hersteller des ersten Smartphones?

A	Commodore
B	IBM
C	Nokia
D	Apple
E	Samsung

3. Was außer Telefonieren konnte das erste Smartphone noch?

A	Fotografieren
B	Faxen
C	Elektronische Türschlösser öffnen
D	Digital bezahlen
E	Windeln wechseln

4. Mit welchem System konnte man eine Telefonnummer mit dem ersten Smartphone eingeben?

A	Wählscheibe
B	Drucktasten
C	Touchscreen
D	Sprachsteuerung
E	Gedankenkontrolle

5. Wie heißt das erste Smartphone?

A	1
B	i83-A
C	Simon
D	Bernadette
E	S1

Fundstücke

Bei meiner jahrzehntelangen, intensiven Recherche zu diesem Überlebens-Ratgeber, die mich in die hintersten und finstersten Ecken der Welt geführt hat, in dramatische Situationen, bei denen ich um Leib und Leben fürchten musste, mehrfach meine politischen und moralischen Ansichten von Grund auf ändern musste und leider viel zu oft und stets nur mit allerletzter Kraft einer drohenden Schizophrenie entging, nur um gleich darauf wieder in die nächste ausweglose Falle zu tappen, bin ich häufig Zeuge von Aussagen geworden, die ich mit Hilfe von Dritten, die ich an dieser Stelle aus reiner Nächstenliebe auf keinen Fall namentlich nenne, im Internet veröffentlicht habe, damit sie unwiderruflich für die Nachwelt erhalten bleiben, da sie mehr als nur zum Nachdenken anregen. Ich werde sie fortan »Fundstücke« nennen, damit eine direkte Verbindung zu meiner Person oder den oben erwähnten »Dritten« nicht ohne Weiteres herzustellen ist.

Fundstücke #1

Wenn Du nach 15 Jahren aus der Haft entlassen wirst, Deine Wertgegenstände ausgehändigt bekommst, und Dein Nokia 3310 noch 2 Balken hat ...

Aufwachsen ohne Smartphone

Ich bin zwar gerade Anfang dreißig, hatte aber in meiner Kindheit kein Mobiltelefon und das Wort Smartphone konnten noch nicht einmal Angeber buchstabieren. Klar, es gab das Wort *smart* und es gab das Wort *Phone*, aber das Gerät nannte man lieber Handy. Das konnte man manchmal mit einer Hand zuklappen, und damit begann auch schon die Zeit, als die Preise fürs Simsen langsam für jedermann erschwinglich wurden.

Ich kaufte mein erstes Gerät mit 17 und es war ein *Trium*. Das war früher *das* Einsteigermodell. Das *Trium* hatte noch eine herausziehbare Antenne, so groß wie ein Baguette. Wir mussten zum Telefonieren die Antenne rausziehen, weil es sonst keinen Empfang hatte. Die Smartphones von heute besitzen nur noch ein unsichtbares Baguette.

Mein zweites Handy war ein *Nokia*. Ich habe es immer noch, denn es hat noch genug Akkuladung, um die kompletten Londoner U-Bahnlinien bei Stromausfall eine Woche lang zu versorgen. Mit diesen Handys konnte man nicht nur telefonieren und Textnachrichten verschicken, sie hatten sogar ein Spiel vorinstalliert, und das hieß *Snake*. Das spielten wir stundenlang und die Frage, wer welches Spiel in welcher Version auf seinem Handy hatte, blieb uns erspart. Es gab nur dieses Spiel, denn es war vorinstalliert und man bekam es auch nicht herunter vom Gerät.

Die Handys von damals hatten aber auch völlig unnütze Sachen wie einen Taschenrechner. Den gibt's heute häufig nicht mehr, und wenn man einen braucht, muss man ihn im App-Store umständlich herunterladen. Es sei denn, man hat ein Superhirn in seiner WhatsApp-Gruppe, das gerade Zeit hat für die echt schwierige Frage, wie viel 2 x 6 ergibt.

Apps für diese alten Handys gab es noch nicht mal als Aufkleber, aber wir hatten schon Internet auf den Telefonen, nutzten diese für damalige Zeiten unglaublich moderne Möglichkeit allerdings nicht, weil es noch keine Internet-Flatrates gab. Wenn man also versehentlich auf den Button Internet kam, drückte man panisch die Beenden-Taste, weil die Internetfunktion damals unbezahlbar war.

Man konnte diese alten Handys übrigens auch auf den Fliesenboden fallen lassen, und das Handy ging nicht kaputt, im Gegensatz zur Fliese. Heute sieht es da ganz anders aus. Das liegt aber ganz, ganz sicher nicht daran, dass Handys heute schneller kaputtgehen, sondern dass die Fliesen härter als vor 13 Jahren sind.

Wollte man sich in meiner Jugendzeit, also in der Vor-Handy-Zeit, mit Freunden treffen, verabredete man sich in der Schule für den Nachmittag. Das klappte erstaunlich gut, und wenn doch mal etwas dazwischenkam, dann rief man auf dem Festnetztelefon an. Wenn keiner abnahm, sprach man eine Nachricht auf den Anrufbeantworter oder wartete einfach zwei Stunden am verabredeten Ort. Wenn niemand kam, fragte man eben am nächsten Tag in der Schule nach, warum die Verabredung geplatzt war.

Ich musste immer zuhause Bescheid sagen, wohin ich wollte, wenn ich verabredet war. Da ich in meiner Jugend noch kein Handy besaß, wollte meine Mutter immer wissen, wo ich steckte – *für alle Fälle*. Das war damals völlig okay für mich. Da meine Freunde und ich uns sowieso immer am selben Ort trafen, war es sowieso nicht schwierig, mich zu finden.

Wir hatten kein Internet. Somit gehörten wir wohl zur letzten Generation, die Fahrpläne für öffentliche Verkehrsmittel lesen lernte, die sich Telefonnummern merken konnte, und die Hausaufgaben ohne die Hilfe von Google machen musste. Einmal im Jahr bekamen wir ein Buch geschenkt, ein Telefonbuch. Ein Telefonbuch war ein dickes, schweres Buch, in dem Telefonnummern alphabetisch nach den Nachnamen der Einwohner der Stadt geordnet waren, in der man lebte.

Heute hören viele Musik nur noch übers Smartphone. Ich hatte damals noch einen Discman und musste mich morgens entscheiden, welche CDs ich hören wollte. Man wollte ja nicht seine komplette CD-Sammlung mit sich rumschleppen. Irgendwann später kam der MP3-Player auf den Markt, aber um den zu bespielen, brauchte man wiederum einen PC, den ich damals auch noch nicht besaß. Und die ersten Handys konnten MP3-Dateien nicht abspielen. Trotzdem fehlte uns damals nichts. Schon gar nicht Gangsta-Rap. Denn wir konnten uns noch ganz normal unterhalten, wie es Menschen Jahrtausende lang getan haben, wir lernten unsere Freunde in der Schule oder beim Spielen kennen, und wir haben uns auch nicht über das Smartphone in den einzig wahren Menschen verliebt, mit dem wir dann eine Fernbeziehung führen, weil er 500 km entfernt wohnt.

Für einige Leute ist das Internet natürlich praktisch, denn es passt bekanntlich zu jedem Topf ein Deckel, und wenn der Deckel nun mal in einer Höhle in Papua-Neuguinea wohnt, so besteht nun endlich die Möglichkeit, diesen Deckel auch zu finden, vorausgesetzt man hat keine Flugangst. Aber zum Thema Liebe via Smartphone kommen wir später noch.

Ich habe in meiner Kindheit viele wichtige Dinge gelernt, indem ich sie ausprobiert habe. Ich konnte sie eben nicht *mal schnell googeln*: Sand schmeckt nicht gut und auch gelber Schnee ist kein Gaumenschmaus, so etwas mussten wir alles selbst herausfinden. Okay, die Sache mit dem Essen hätte ich vermutlich trotz Internet getestet, denn Geschmäcker sind ja verschieden und ich esse gern. Viele Leute denken ja: Was es nicht im Internet gibt, gibt's gar nicht. Ich dagegen schaue einfach aus dem Fenster, um zu sehen, ob sich das Wetter eher zum Baden oder zum Angeln eignet – und nicht aufs Smartphone. Mal davon abgesehen, welches Handy man nun besitzt, zeigt das Smartphone ja eigentlich auch immer ein anderes Wetter an, als das, was man vor der Türe tatsächlich vorfindet. Die Koreaner zeigen sechs

Grad und Regen, das Fallobst zeigt vierzehn Grad und strahlenden Sonnenschein an – und in Wirklichkeit sind es minus drei Grad und es schneit. Die Runde geht an die Koreaner, weil die dichter dran waren.

Wenn wir früher mit Freunden gezeltet haben, konnten wir im Notfall nicht mal eben zuhause anrufen und sagen: »Mama, hol mich ab, da sind so komische Geräusche im Gebüsch.« Nein, wir mussten entweder die ganze Nacht lang zitternd wie Espenlaub auf dem Zeltplatz bleiben oder im Dunkeln allein durch den Wald nach Hause latschen. Wer so was erlebt hat, für den ist das *Blair Witch Project* eine bessere Einschlafhilfe.

Heutzutage gehört man nicht dazu, wenn man nicht das neuste Smartphone hat. Noch verrückter: Man muss aber nicht nur das neuste Smartphone haben, sondern auch das von der richtigen Firma. Zu meiner Zeit hatten wir noch nicht einmal schnurlose Festnetztelefone. Bei uns hing der Telefonhörer noch an einer Strippe und somit gab es so etwas wie heimliches Telefonieren nicht. Das Telefon stand im zugigen Flur oder mitten im Wohnzimmer und damit warst du quasi immer Ortsgespräch. Es war ein bisschen so absurd wie telefonieren in der Straßenbahn – darauf komme ich gleich noch detaillierter zurück.

Wenn wir also delikate Gespräche führen wollten, mussten wir warten, bis wir sturmfrei hatten oder zur Telefonzelle gehen, wobei das ja immer so eine Sache war, nicht nur wegen des fehlenden Kleingelds. Wir waren dann zwar allein in der Telefonzelle, aber unser Schwarm stand wahrscheinlich mit feuerroter Birne in Omas Wohnzimmer. Wir konnten damals auch nicht von Telefonzelle zu Telefonzelle telefonieren. Also mussten wir meist auf dem Schulhof oder nachmittags von Angesicht zu Angesicht miteinander reden, wenn wir etwas besprechen wollten, das nicht jeder mitbekommen sollte.

Geredet wurde natürlich auch im Klassenraum, vor allem über die kleinen Zettel mit der Frage »Liebst du mich?«. Heutzutage haben Lehrer mit anderen Problemen zu kämpfen als mit herumgereichten Zetteln. Heutzutage gründen Eltern WhatsApp-Gruppen, um in Sachen Schule auf dem neusten Stand zu sein. Zu meiner Schulzeit trafen sich die Eltern beim Einkaufen oder nachmittags auf einen Kaffee. Als Schüler hatten wir dadurch noch eine Gnadenfrist, um den Bockmist, den man gebaut hatte, selbst zu beichten oder um sich gute Ausreden einfallen zu lassen. Heute sind die Eltern ja schon informiert, bevor man den Mist überhaupt gebaut hat.

Fundstück #2
Jedes Mal, wenn ein Smartphone auf den Boden fällt und das Display zersplittert, hört man leise ein altes Nokia kichern.

Smart what?

Warum heißt ein Smartphone eigentlich *Smartphone*? Ist es besonders smart? Smart war für mich immer ein Auto. Ein sehr kleines Auto. Kurz: Für mich ergibt das Wort Smartphone keinen echten Sinn, weshalb ich auch heute noch lieber von einem Handy spreche. Wir fanden es früher cool, wenn wir ein *kleines* Handy hatten, aber inzwischen sind die großen und noch größeren Telefone der letzte Schrei. Sie sind so groß geworden, dass man sie nicht mal mehr in die Tasche stecken kann. Jetzt ist ein Smart aber doch der Inbegriff eines kleinen Autos, ist ein Smartphone also ein großes Telefon für ein kleines Auto? Oder werden Smartphones in Zukunft so groß wie ein Auto sein? Kann man ein Smartphone irgendwann quer in einer Parklücke ablegen? Denn für das Auto brauche ich ja bald keine Parklücke mehr, das bekomme ich ja fast problemloser in die Tasche als so manches Telefon ...

Früher war es wichtig, so klein wie möglich zu sein, heute kommt es wieder auf die Größe an. Irre, aber die Menschheit stand mal auf kleine Handys. Heute hingegen gilt: je größer, umso besser. Wenn das so weitergeht, haben wir bald die Dimension von Telefonzellen erreicht (ach übrigens, für die junge Generation: Telefonzellen waren früher in etwa zwei mal zwei Meter kleine, gläserne geschlossene Häuschen, in denen ein Telefon hing. Die Häuschen waren gelb. Man warf dort Münzen ein, um zu telefonieren. Falls ihr so etwas seht: Macht mit eurem Smartphone ein Foto von der Telefonzelle, denn diese historischen Bauwerke sind heute ebenfalls so selten wie ein Einhorn).

Ich war siebzehn und so stolz auf mein erstes, kleines Taschentelefon. Nun, ich war irgendwie der Letzte von meinen Freunden gewesen, der ein solches Wunderding bekam. Was heute *Koreaner* oder *Fallobst* ist, war damals *Nokia* oder *Trium*.

Und unsere Handys bekamen ständig neue Funktionen. Nach und nach gab es schließlich auch Geräte, auf denen mehr als nur ein Spiel funktionierte und das jetzt auch MP3-Songs abspielen konnte. Für 2,99 Euro pro Woche bekam man ein *Jamba*-Abo, um sich ein Spiel oder ein Lied aufs Handy zu laden. Aus diesen »Verträgen« kam man nicht wieder raus, ohne eine SMS* für 2,99 Euro an *Java* zu schicken mit dem Wort »Stop«. Nachdem man das mit gefühlten siebenundzwanzig Antwort-SMS (»Ja ich bin mir sicher, dass ich dieses Abo nicht mehr möchte«) – und natürlich für jeweils weitere 2,99 Euro pro SMS – bestätigen musste und niemand so viel Guthaben auf seiner Prepaidkarte hatte, dürfte mindestens jeder Zweite aus meiner Generation noch immer ein *Jamba*-Abo haben, was sie oder er nur längst vergessen haben dürfte.

Mein Tipp: Schauen Sie doch einfach mal nach, manchmal lohnt es sich wirklich, seine Handy-Monatsrechnung genau zu studieren! Und dann fordern Sie die 2.583 kostenlosen Klingeltöne ein, die Sie schließlich über Ihr Abo in all den Jahren bezahlt haben.

Wir hatten damals nicht die technische Möglichkeit, mit dem Handy mal schnell online zu gehen und uns den Song einfach bei einem Download-Store zu laden, damit wir ihn auf dem Handy hatten. Diese Technik beherrschte seinerzeit offenbar nur *Jamba*. Dafür gab es sehr coole Fernsehwerbung bei *VIVA*. Man hatte das Gefühl, dass *VIVA* komplett aus *Jamba*-Spots bestand, aber wir hatten ja gottlob noch weitere neunundzwanzig Sender, und alle in Farbe! Aber auch die anderen Sender brachten Jamba-Werbung, und ob es nun der *bekloppte Frosch* war oder der *Hase Schnuffel*, uns gefiel, was dort beworben wurde und somit brauchten wir diese Songs zum Überleben, und so gab es die Lieder konsequenterweise bald auch auf CD und einige, wie der *Hase Schnuffel*, wurden tatsächlich Nummer-eins-Hits in unserer schönen Republik. Es wurde uns also unendlich schwergemacht, kein Abo abzuschließen. Heute sieht man diese Art Werbung genauso selten wie ein Einhorn – mit anderen Worten: Sie ist ausgestorben. Und für die Smartphone-Generation hat *Jamba* nie existiert.

Ich kann mich noch ganz genau erinnern, wann und wie ich mein erstes *richtiges* Smartphone in der Hand hielt. Es stammte vom Fallobst und war Teil einer Aktion eines großen Mobilfunkanbieters: »Wir schicken Ihnen das Gerät zwei Wochen zum Testen, und wenn es Ihnen nicht gefällt, schicken Sie es einfach zurück. Und wenn Sie es behalten möchten, bekommen Sie einen passenden Vertrag, bei dem Sie lediglich Ihr gesamtes Monatsgehalt an uns überweisen müssen, um das Ganze über den überschaubaren Zeitraum von 429 Monaten abzuzahlen.«

Dummerweise gab es zu diesem Zeitpunkt immer noch keine Internetflatrate für Smartphones, und wirklich *guten* Internetempfang gab es auch nicht – und so hatte ich das Ding eine Stunde ausprobiert, wieder eingepackt und zurückgeschickt. Denn ich erkannte schnell, dass man damit noch nicht wirklich viel anfangen konnte. Und es war für mich echtes Neuland, ich war überfordert mit all seinen Funktionen. Ich fühlte mich mit Anfang 20 zum ersten Mal alt, richtig alt.

Ich war auch der festen Meinung, dass sich das Ding nie im Leben durchsetzen würde. Heute sind wir schon in der x-ten Generation Fallobst.

*Bitte tragen Sie in der nachfolgenden Zeile wahlweise die na-
mensgebende Zahl des aktuellen Fallobst- oder Korea-Han-
dys ein. Damit aktualisieren Sie dieses Buch auf den heutigen
Stand, der Verlag kann ja wirklich nicht zu jeder Neuausgabe
der Smartphones eine aktualisierte Auflage erstellen:*

*iPhone-Generation 4 – 5 – 6 – 7 – 8 – 9 _____
(hier bitte aktuelle Version eintragen).*

*Samsung Galaxy S-Generation 4 – 5 – 6 – 7 – 8 – _____
(hier bitte aktuelle Version eintragen).*

*Ich habe eine andere Marke, und zwar _____
(bitte Marke eintragen),*

*in der Version _____
(hier bitte aktuelle Version eintragen).*

*Besten Dank für Ihre Mithilfe, diesen Smartphone-Ratgeber
aktuell zu halten.*

Aber zurück zum Thema, ja, das Smartphone *hat* sich durchge-
setzt. Tja, hinterher ist man ja immer schlauer. Schlauer auch,
was die Nutzung der vielen nützlichen und vergleichsweise
merkwürdigen Funktionen anbelangt: Ich kann mich inzwischen recht gut in der Welt der Smartphones bewegen.

Na, das sieht doch so aus, als sei vieles besser geworden, seit
es Smartphones gibt, richtig? Aber nur bis zu einem Punkt, denn
es gibt da immer noch die Sache mit dem Immer-erreichbar-
Sein. Ich bin ja selbst ein Smombie geworden. Ich verlasse das
Haus zwar auch mal ohne Telefon, aber nur, wenn der Akku und

meine Powerbank leer sind. Das wäre mir früher übrigens nie passiert, wenn man sich an die ersten Handys erinnern kann. Die Akkus damals hielten in etwa eine Woche, ja, auch wenn man damit täglich mehrere Stunden telefoniert hatte. Heute hängen die Smartphones so oft am Strom, dass es eigentlich doch wieder kabelgebundene Telefone sind.

Ich muss gestehen, dass es ein komisches Gefühl ist, ohne Handy loszuziehen, so, als würde man ohne Geld einkaufen gehen wollen. Ohne mein Smarty, wie ich es liebevoll nenne, fühle ich mich halt irgendwie nackt und unvollständig, eine der modernen Smombie-Krankheiten eben …

Mit den heutigen Smartphones kann man inzwischen problemlos Filme schauen. Klar, das geht am besten zuhause, denn da hat man das 50 MBit-WLAN und nur damit macht *Netflix*-Streaming auch Spaß. Also schaltet man seinen 80-Zoll-Fernseher aus, um die 30fach verkleinerte Version von *Star Wars* auf dem Handydisplay zu schauen … Wer tut so etwas? Und vor allem warum? Ganz einfach, weil man es jetzt *kann*. Und es ist scheinbar völlig egal, ob das wirklich Spaß macht oder nicht.

Das Einzige, was wir seinerzeit auf den alten Handys lesen oder sehen mussten, waren SMS. Wir zahlten pro SMS zirka 9 Cent. Und wir hatten auch nur maximal 160 Zeichen für eine SMS. Das *Twitter* von heute war damals unsere SMS. In dieser Zeit wurden auch die absurdesten Abkürzungen erfunden, weil 160 Zeichen wirklich nicht viel sind. Und eine zweite SMS schreiben kam rein finanziell einfach nicht infrage. HDGDL* hat also so manche sorgende Mutter zum Verzweifeln gebracht, wenn sie mal kurz die SMS ihres Schutzbefohlenen durchscrollte, um sicherzugehen, dass der Kleine auch keine Dummheiten anstellt. Übrigens führte auch diese Entwicklung schon wieder zu einem Top-Hit, diesmal von den *Fanta 4*, die dem Abkürzungswahn mit *MfG* eine Hymne widmeten.

Eine gute Alternative zu 160 Zeichen voller Textabkürzungen war, einen Brief zu schreiben, ihn abzufotografieren und per MMS zu versenden (für 49 Cent). Aber das ging natürlich erst, seitdem Handys quasi auch Fotoapparate sind. Heute ist eine *gute* Kamera im Smartphone obligatorisch. Leute, wir hatten keine miese Kamera in den ersten Handys, wir hatten *gar keine* Kamera. Der Erste unter meinen Freunden mit einer Kamera im Handy wurde dann natürlich auch der gefeierte Held unserer Clique. Klassische Fotoapparate und auch Digitalkameras sind zwanzig Jahre nach dieser ersten Handykamera fast ausgestorben, weil inzwischen jedes Smartphone mit einer Kamera daherkommt, und die Qualität ist gar nicht mal so schlecht.

Man ahnt schon, dass die technische Weiterentwicklung der Handys eher langsam verlief. Erst konnte man mit den Mobiltelefonen nur telefonieren und SMS schreiben, irgendwann folgte dann die Kamerafunktion. Zugegeben, die Fotos waren immer unscharf und es war nicht viel zu erkennen, aber man *konnte* Fotos machen. Dann kamen die nächsten, immer teureren Modelle, mit einem MP3-Player daher, und *peng!*, auf einmal gab es ein *iPhone*, das offensichtlich alles konnte – alles, außer telefonieren. Ich meine, das ist nur fair, bei so viel fantastischer, neuer Technik muss ja irgendetwas Nebensächliches auf der Strecke bleiben.

Fragen Sie sich eigentlich, warum ich behaupte, mit dem *iPhone* könne man nicht telefonieren? Haben Sie es denn selbst mal versucht? So richtig wie früher mit Lautsprecher am Ohr und Mikro in der Nähe vom Mund? Und was passiert also, wenn Ihre Wange – in der normalsten aller Arten, ein Telefon zu halten – das Display berührt? Richtig! Sie legen auf. Welch herrliche Erfindung aus der Wüste Nevadas.

Als ich vor kurzem meine Familie besuchte, demonstrierte mein Neffe einmal mehr, dass man als Mitglied der *Generation Smombie* schnell an seine Grenzen gerät. Der Grund für seine Verwirrung: Ich telefonierte mit meinem Handy. Nochmals zur Erinnerung, genau dafür wurden Geräte ursprünglich konzipiert. Mein Neffe bekam große Augen und fragte mich voller Ehrfurcht:

»Warum hältst du beim Skypen das Telefon ans Ohr?« Ich schaute ihn verdattert an.

»Ähm, ich habe einfach nur telefoniert!?«

»Cool, das geht? Wie heißt die App dafür ...?«

Das konnte er doch nicht im Ernst meinen? Er sah irgendetwas in meinem verwirrten Blick und sagte dann rasch: »Hey Alter, war nur ein Spaß!«

Aber war es das wirklich? Im Prinzip konnte ich ja froh sein, dass er mich persönlich fragte und nicht per *WhatsApp* – und dass er Worte benutzte, die ich kannte und verstand, denn das ist ja heutzutage auch nicht mehr so leicht. Auch zu diesem Thema kommen wir später noch.

Ich fragte ja eingangs, warum die Smartphones eigentlich »smart« sind. Es liegt wohl nicht an ihren Benutzern, da bin ich mir sicher. Wenn ich das Wort »smart« mithilfe eines Wörterbuchs übersetze, finde ich die Begriffe »intelligent«, »raffiniert« oder »flott«. Klingt gut. Aber das gilt nur für die Adjektive. Es gibt jedoch auch ein Substantiv. Also ein Hauptwort. Und das Wort »Smartphone« besteht doch vermutlich aus zwei zusammengesetzten Hauptwörtern, also z. B. wie »Nudelsuppe«, also Nudel und Suppe. Die Übersetzung vom englischen Substantiv »smart« ist »Schmerz«. Und jetzt denken Sie bitte mal darüber nach ...

Fundstück #3
Ich gehöre ja zu der Generation, die sich das Telefon ans Ohr hält beim Telefonieren.

Wie hält man das Smartphone ans Ohr?

Jedes Mobiltelefon hat eine Freisprecheinrichtung. Man kann auch praktischerweise ein Headset anschließen, wenn man beim Reden lieber die Hände frei haben möchte. Das kann ich absolut nachvollziehen, aber warum zur Hölle schaltet man beim Telefonieren in der Straßenbahn die Freisprecheinrichtung ein? Ohne Headset, einfach den Freisprecher an und auf Laut stellen? Warum tut man das? Weil man es kann? Die Person am anderen Ende der Leitung erzählt gerade, dass sie sich von der Blinddarm-OP erholt und die Narbe so schrecklich juckt, als würden eine Million Ameisen eine neue U-Bahn unter seiner Bauchdecke bauen – und die gesamte Straßenbahn hört zu. Zumindest war das vor drei Jahren so, denn inzwischen telefoniert das halbe Straßenbahnabteil auf diese Art und Weise, und die andere Hälfte gibt hilfreiche Ratschläge und kluge medizinische Tipps. Wozu soll man auch zu einem teuren Mediziner oder Psychologen gehen und somit der Krankenkasse auf der Tasche liegen, wenn man in der Straßenbahn kostenlos und zu fast jedem Problem einen gutgemeinten Lösungsvorschlag erhalten kann? Ich selbst finde die Straßenbahn-Therapie allerdings sehr unbefriedigend, denn es steigen alle paar Minuten Leute ein und aus und so bekommt man nur Teil- und keine Komplettlösungen angeboten. Ich finde es außerdem sehr unhöflich, wenn jemand gerade ein spannendes Thema am Telefon bespricht und kurz vor dem Finale aussteigt. Das geht nicht! Das wäre ja, als würde man deine Lieblingsserie eine Folge vor der großen Auflösung absetzen. Erst einen krassen Cliffhanger einbauen und dann das Publikum mit offenem Ende verwirrt hängenlassen? Ich weiß, wovon ich rede, denn es hat mich schon die eine oder andere schlaflose Nacht gekostet, und meine Neugierde hätte mich fast umgebracht.

Was kann man tun? Einige Experten empfehlen, einfach mit auszusteigen, um das Gespräch bis zum Ende zu hören. Keine gute Idee! Denn ich habe es oft erlebt, dass Leute völlig überrascht sind, wenn sie merken, dass man an ihrem Leben so stark Anteil nimmt. Und wenn dann noch der Gesprächspartner am Ende der Leitung mitbekommt, dass man einfach nur krass neugierig ist und außer einem hilflosen »was für ein Freak« nichts zur Lösung des Problems beisteuern kann, heißt es häufig nur: Beine in die Hand nehmen und rennen. Am besten in Richtung Haltestelle.

Die Generation, die mit dem Smartphone aufgewachsen ist, kennt das Problem des Fremdschämens übrigens nicht. Man versteht bei dem heutigen Jugendsprech (krass Alder!) ohnehin nicht mehr, was die Smombies genau sagen wollen. Zudem besteht das halbe Gespräch nur noch aus Abkürzungen, was wiederum merkwürdig ist, denn in Zeiten von *WhatsApp* braucht sich niemand mehr auf 160 Zeichen zu beschränken. Ein Fall von klassischer Konditionierung?

Die Menschen schrecken ja nicht mal mehr davor zurück, ihre nicht ganz legalen Angelegenheiten per Freisprecher in der Straßenbahn zu besprechen. Selbst wenn die Polizei mit im Abteil sitzt. Okay, der Polizist macht es selbst auch nicht anders. Er hatte zwar keine illegalen Dinge zu klären, aber ich wollte eigentlich auch nicht wissen, was er am Abend vorher mit seiner Frau und nur zwei Stunden später mit seiner Freundin gemacht hat. Man kann bei derlei Gesprächen durchaus noch etwas lernen: Ganz offenbar geht der Trend in Deutschland hin zur Zweitfrau oder zum Zweitmann.

In der Deutschen Bahn ist es zwar anders, aber nicht viel besser. Auch dort telefonieren die Leute auf diese unangenehme Art und Weise, übrigens besonders gern im sogenannten Ruhewagen, den man unter anderem an den Schildern mit dem durchgestrichenen Mobiltelefon erkennt. Aber diese Telefon-junkies steigen zumindest nicht alle fünf Minuten aus, so dass man das ganze Gespräch so lange verfolgen kann, bis das Handy-netz irgendwo im Niemandsland zwischen Braunschweig und Magdeburg den Geist aufgibt. In den meisten Fällen sind diese Telefonate nur leider sehr langweilig. Wenn zwei Verliebte tele-fonieren, hört sich das meist so an:

»Ich vermisse dich!«
>»Nein, ich vermisse dich!«
»Ich freu mich auf dich!«
>»Ich freue mich viel mehr! Warte, gleich
kommt ein Tunnel ...«

Wenn man sich solch ein Dialogfeuerwerk nicht zwei Stunden lang anhören will, hilft nur noch die beherzte Flucht nach vorn: »Wenn Sie nicht sofort auflegen, werde ich dafür sorgen, dass Sie Ihr Ziel nie erreichen – und dann wird sie (an dieser Stelle ein böser Blick und eine eindeutige Geste in Richtung Smart-phone) Sie lange vermissen, sehr lange ...« Ja, zugegeben, nicht die feine englische Art, aber sehr effektiv. Nach solchen Worten telefoniert keiner mehr!

Apropos Dialog der Kulturen: Ich habe letztens eine Mus-lima gesehen, und die hatte eine verdammt coole Lösung: Sie klemmte sich ihr Smartphone unters Kopftuch ans Ohr und konnte so problemlos telefonieren, ohne Headset und ohne Freisprecheinrichtung. Sie hatte die Hände frei, um die schwe-ren Einkaufstüten zu tragen und konnte zuhause schon Be-scheid geben, was alles in den Kühlschrank muss.

Eine ganz besondere Unart ist das Smartphone am Steuer. Denn dort, wo man schon aus Sicherheitsgründen eine Frei-sprecheinrichtung benutzen sollte oder zumindest mit dem

Lautsprecher oder Headset telefonieren sollte, tut es keiner. Ich bin oft genug im Auto unterwegs und sehe immer Menschen, die eine Hand am Lenkrad haben und mit der anderen Hand das Telefon ans Ohr pressen. Man muss eigentlich nicht mal ins Auto schauen, meist reicht es schon, wenn man auf die Fahrweise achtet. Wenn jemand mit 60 km/h über die linke Spur der Autobahn wackelt, brauche ich gar nicht mehr zu gucken, ich weiß einfach, okay, der telefoniert einhändig, und die andere Pranke sucht nach WDR 5. Hätte er mal bloß ein Kopftuch getragen! Daraus sollte man gleich eine Forderung, ja ein Gesetz machen: Kopftücher für alle Autofahrer! So entstehen nebenbei bestimmt auch traumhafte Blitzerfotos.

Gott sei Dank gibt es hier und da auch noch Nicht-*Smombies*, also *Nombies*. Ich habe einmal in der U-Bahn einen Jugendlichen ohne Kopfhörer, ohne Tablet und vor allem ohne Smartphone gesehen. Den habe ich erst um ein Autogramm und dann um ein Selfie gebeten, denn solche Menschen gehören auch ins Sammelalbum *Der Seltenen Phänomene*, direkt auf die Seite hinter den Einhörnern. Ehrlich, heutzutage muss man sich doch Sorgen machen, wenn man jemand ohne Telefon oder Kopfhörer sieht. Ich fragte den jungen Mann freundlich, ob er beklaut oder überfallen wurde und ob ich helfen kann. Er hat mich nur doof angeschaut. Gut, ich habe es versucht, man hilft ja, wo man kann.

 Ratgeber: Das Smartphone in der Öffentlichkeit:

1) Haltung bewahren! Zeigen Sie der Welt, welches Gerät Sie besitzen, indem Sie es am ausgestreckten Arm vor sich halten beim Telefonieren; das Display mit Typenbezeichnung zeigt dabei nach oben, auch wenn es regnet.

2) Lassen Sie Ihre Mitmenschen teilhaben an Ihrem Leben und telefonieren Sie so oft wie möglich über die Freisprech-Funktion.

Sie werden neue Freunde finden, wertvolle Tipps für Haushalt, Liebe und Gesundheit erhalten und stehen, je nach Lautstärkeeinstellung des Smartphones, so lange im Mittelpunkt, bis der Akku leer ist.

3) Tragen Sie immer ein Kopftuch! Es wird der Moment kommen, in dem Sie dankbar sein werden für diesen Ratschlag.

Fundstück #4
Beim Bau des Internets wurden zu viele
Vollpfosten verwendet.

Wetten, er rennt gegen die Laterne!?

Meine Generation ist ja diejenige, die das Glück hatte, noch ohne und später nur mit einem schnöden Handy aufzuwachsen. Alles eine Frage der Haltung. Ist Ihnen schon einmal aufgefallen, dass viele junge Leute heute nur noch mit dem Kopf nach unten laufen, weil sie permanent aufs Smartphone starren? Meine Freunde und ich haben daraus vor zwei Jahren ein Spiel gemacht. Wir setzen uns im Sommer ins Straßencafé, und wenn so ein Bückling vorbeikommt, wetten wir, ob er gegen einen Laternenmast rennt oder ob nicht.

Sie werden nicht glauben, wie oft die Leute tatsächlich gegen die Laterne laufen oder erst in letzter Sekunde mitbekommen, dass da etwas im Weg steht. Besonders lustig wird das Spiel, wenn das einem Freund passiert. Es gibt noch eine Steigerung: Man ist selbst zu spät dran und will seinen Freunden im Café per Messenger die Verspätung mitteilen und rennt dabei selbst gegen einen Laternenpfahl. Megalustig wird es, wenn dich deine Freunde schon sehen und sie auf dich wetten ...

Es ist nicht so, dass mir das schon einmal passiert wäre, nein, es ist mir schon zweimal passiert. Ich achte seitdem doch sehr stark auf Pünktlichkeit.

Besonders interessant finde ich Leute, die Nachrichten auf dem Handy tippen und lesen, während sie zum Beispiel Rad fahren. Die können teilweise großartige Kunststücke, das glaubt man kaum. Da hält das Auto vor dem Radfahrer doch einfach an einer roten Ampel, ohne darauf zu achten, dass der Fahrradfahrer hinter ihm gerade eine WhatsApp-Nachricht liest, der Radler kann nicht mehr bremsen, versucht es trotzdem, das Vorderrad des Fahrrads landet quietschend auf der Stoßstange des Autos und das Hinterrad samt restlichem Radfahrer schwingt in einer fließenden Bewegung nach oben, als wollten Rad und Fahrer einen Salto über das stehende Auto vollführen. Bravo! Auch der Wagen hupt vor Begeisterung.

Ja, man kann viele lustige Spiele auf dem Smartphone spielen, und ich rede nicht von *Snake 2016 Gold Edition* aus dem App-Store, man kann ganz klasse *mit* dem Smartphone spielen. So gibt es zum Beispiel den »Biege dein Smartphone«-Wettbewerb. Ist ein sehr beliebtes Spiel bei Besitzern des Fallobstes. Bei den neuen Geräten des Koreaners, die angeblich wasserdicht sind, heißt der neueste Party-Spaß: »Wie tief kannst du tauchen?« Beide Spiele sind übrigens im Erfolgsfall sehr teuer, aber umsonst ist bekanntlich nur der Tod.

Man sieht auf der Straße ja kaum noch jemanden ohne Smartphone, das liegt wahrscheinlich daran, dass die Dinger auch fast alles können. Gut, sie können noch nicht selbständig Kaffee kochen, und die Wohnung aufräumen können sie auch noch nicht, aber sie können einem die Zeit gut vertreiben.

 Ratgeber: Sicherer Umgang mit dem Smartphone

1) Seien Sie immer pünktlich. Der Versuch, andere per Smartphone auf die eigene Verspätung aufmerksam zu machen, kann zu weiteren Verzögerungen führen (Laternenpfahl -> Krankenhaus etc.).

2) Lesen und schreiben Sie wirklich nur wichtige Nachrichten während der Fahrt. Andernfalls nämlich lohnen sich die Konsequenzen häufig nicht (Stoßstange -> Krankenhaus etc.).

3) Benutzen Sie Ihr Kopftuch als Käscher, wenn Ihnen das Handy in die Toilette fällt. Denn je nach verrichtetem Geschäft können Sie gegebenenfalls nicht rechtzeitig erkennen, ob zum Beispiel das Display gesplittert ist, was schwerwiegende Folgen nach sich ziehen kann (tiefe Schnittwunde -> Krankenhaus etc.).

Selbsttest: Welcher Smartphone-Typ bin ich?

Der folgende Fragenkatalog wurde in Zusammenarbeit mit einer Reihe führender Psychologen entwickelt. Die Antworten werden Ihnen in der Zukunft enorm hilfreich sein, sei es bei Entscheidungen über Neuanschaffungen, der richtigen Wahl von Apps oder mit dem für Sie richtigen Verhalten im Umgang mit dem Smartphone in der Öffentlichkeit.

Nehmen Sie sich Zeit und beantworten Sie alle Fragen gewissenhaft. Zu jeder Frage markieren Sie bitte jeweils nur eine Antwort. Die Auswertung des Tests finden Sie im Anschluss.

1) Sie sind

A	weiblich
B	männlich
C	hab ich noch nicht gegoogelt

2) Sie sind

A	unter 20 Jahren
B	20–40 Jahre
C	alt

3) Wie viel Zeit verbringen Sie pro Tag mit dem Smartphone?

A	weniger als 24 Std.
B	24 Std. und mehr
C	Hä? Ich kapier die Frage nicht

4) Ihre Lieblingsfunktion auf Ihrem Smartphone ist

A	WhatsApp
B	Facebook
C	Taschenrechner
D	Google-Maps
E	Tinder
F	Candy Crush

5) Was tun Sie nie mit dem Smartphone?

A	in die Kirche gehen
B	Rasen mähen
C	Telefonieren

6) Vervollständigen Sie diesen Satz: Ein Smartphone ist für mich ...

A	ein guter Freund
B	die Erfüllung meiner Träume
C	ein Sex-Objekt
D	ein Spielzeug
E	das Wichtigste auf der ganzen Welt

7) Wenn Sie ein technisches Problem mit Ihrem Smartphone haben, dann

A	gründe ich eine Selbsthilfegruppe
B	werfe ich das Mistding in die Ecke
C	spreche ich nachsichtig und einfühlsam mit dem Gerät
D	suche ich externe Hilfe bei der Hotline-Nummer 112

8) Wie häufig machen Sie Fotos oder Videos mit Ihrem Smartphone?

A	oft
B	selten
C	nie

9) Wie häufig machen Sie Fotos oder Videos von Ihrem Smartphone?

A	oft
B	selten
C	nie

10) Was ist für Sie das Wichtigste beim Kauf eines Smartphones?

A	ein möglichst hoher Preis
B	es muss das Neuste vom Neuen sein
C	ich bekomme immer die alten Smartphones meiner/s großen Schwester/Bruders

Punkte-Auswertung

1	A	25	2	A	192	3	A	13
	B	13		B	25		B	192
	C	192		C	139		C	139

4	A	192	5	A	192	6	A	192
	B	192		B	139		B	192
	C	13		C	13		C	292
	D	139					D	13
	E	192					E	139
	F	292						

7	A	192	8	A	13	9	A	192
	B	13		B	13		B	139
	C	139		C	13		C	13
	D	139						

10	A	192
	B	139
	C	13

Gesamtpunktzahl:

AUSWERTUNG

0–141 Punkte:

Sie haben sich verrechnet und sind völlig ungeeignet für ein Smartphone. Besorgen Sie sich zunächst einen Taschenrechner!

142–480 Punkte:

Sie benutzen ein Smartphone in erster Linie für weitgehend ungeeignete Dinge wie Telefonieren. Sie haben einen regelmäßigen Rhythmus, in dem Sie den Akku aufladen. Die Marke und vor allem auch die Farbe des Smartphones sind Ihnen komplett egal, es soll nur funktionieren. Manchmal, wenn es über Sie kommt, machen Sie auch ein Foto damit, wissen dann aber nicht, was genau Sie mit diesem Bild anstellen sollen. Die für Sie einzig wichtige App ist die Kostenkontrolle Ihres Mobilfunkanbieters, nicht, weil Sie sparsam sind, sondern weil diese App Sinn macht. In Ihren Augen.

Empfehlung: Ihr nächstes Smartphone kaufen Sie in einer Onlineauktion, das kann durchaus ein gebrauchtes Gerät sein. Die Größe des Smartphone-Speichers ist vollkommen nebensächlich, Sie speichern ohnehin kaum etwas. Sie kommen problemlos mit dem günstigsten Mobilfunktarif aus dem Discounter klar, Freiminuten sind für Sie relevanter als Datenvolumen und Leitungsstärke. Suchen Sie besser nach einem Gerät in Camouflage-(Tarn-)Optik, Ihnen ist es nämlich gar nicht so recht, wenn jemand Ihr Smartphone, das Sie eigentlich immer noch »Handy« nennen, sieht. Neben der bereits erwähnten Kostenkontroll-App Ihres Mobilfunkanbieters sollten Sie sich noch *Find my Phone* oder Vergleichbares laden, bedingt durch die Tarnoptik Ihres Geräts könnte es selbst Ihnen als organisiertem Menschen passieren, dass Sie Ihr Smartphone sonst nicht wiederfinden.

481–999 Punkte:

Sie sind bereits erfahren im Umgang mit Smartphones. Noch längst sind nicht alle Geheimnisse für Sie gelüftet, welche die wunderbare Smartphone-Welt für Sie bereithält, aber, hey, Sie arbeiten daran und das verdient Respekt. Sie nutzen eine Reihe von Apps, das sind vorrangig die sozialen Netzwerke (Facebook, Twitter, Instagram und so weiter), aber auch Spiele haben Sie installiert und wenn Sie ehrlich sind, spielen Sie ab und zu auch sehr gern. Ihnen ist durchaus bewusst, dass es Klassenunterschiede bei den Smartphones gibt, dass es einen Grund gibt, warum manche Geräte nur 100,– Euro kosten und andere 1.000,– Euro. Aber noch hält Sie irgendetwas davon ab, den letzten Schritt zu gehen.

Empfehlung: Ihr nächstes Smartphone muss eine Klasse besser sein als Ihr aktuelles. Will heißen, größere Speicherkapazität, längere Standby-Zeit, schnellere Ladezeit und es sollte auf jeden Fall technisch fähig sein, in den schnellsten verfügbaren Netzen zu surfen. Für Ihren Mobilfunktarif ist das Datenvolumen entscheidender als Freiminuten oder Frei-SMS, denn SMS sind für Sie sowas von oldschool. Denken Sie bei der nächsten Anschaffung zumindest darüber nach, ob es für Sie jetzt schon relevant sein könnte, ein teures Markengerät anzuschaffen, überlegen Sie doch mal, was Ihre Freunde dazu sagen, wenn Sie auf dem nächsten Selfie, das Sie vor einem Spiegel machen, erkennen können, welches tolle Smartphone Sie jetzt haben ... Sie müssen sie ja nicht gleich mit der Nase darauf stoßen. Die Farbwahl ist übrigens einfach, nehmen Sie Schwarz, da ist der Kontrast zum Markenaufdruck in 90 von 100 Fällen am besten und sowohl bei Spiegel-Selfies als auch in freier Natur kann man die Marke so schon von weit her erkennen.

Als Erweiterung Ihrer App-Sammlung empfiehlt sich eine Fotobearbeitungs-App und das Pop-O-Meter, mit dem Sie für viel Spaß auf der nächsten Party sorgen werden.

1.000–1.499 Punkte

Sie sind ein Smartphone-Experte, herzlichen Glückwunsch. Sie kennen wirklich alle Funktionen Ihres Geräts und nutzen diese allesamt auch regelmäßig. Sie besitzen mindestens eine Power Bank, um im Notfall rasch das Smartphone laden zu können, denn Ihnen ist klar, dass es überlebenswichtig ist, ein allzeit einsatzbereites Gerät zu haben. Man kann ja nie wissen, wann man dringend ein Foto oder Video machen muss, um das dann natürlich auch umgehend in die sozialen Netze hochzuladen. Sie kommunizieren fast ausschließlich über WhatsApp und dabei vor allem über die Sprach-Nachrichtenfunktion. Wenn Sie in die Verlegenheit kommen, tatsächlich richtig telefonieren zu müssen, tun Sie dies ebenfalls über WhatsApp. Selbstverständlich haben Sie ein aktuelles Smartphone einer der beiden großen Marken und wenn ein neues Gerät auf den Markt kommt, dauert es keine zwei Monate, bis Sie auch dieses Gerät besitzen.

Empfehlung: Sie haben das Zeug zur Königsklasse, setzen Sie Ihre Fähigkeiten und Kenntnisse einfach noch nachdrücklicher ein. Mit der *Machete*-App haben Sie sich durch den Tarifdschungel der Mobilfunkanbieter gekämpft und haben den für Sie besten Preis-Leistungs-Sieger herausgefunden. Mehrere Gigabyte Datenvolumen im Monat im 4G- bzw. LTE-Netz, was Sie beides schließlich auch brauchen. Tipp: Wenn Sie sich das neuste Smartphone anschaffen, reiben Sie die Außenhülle an mehreren Stellen an Pflastersteinen oder Gehwegplatten und wenn Sie ganz mutig sind, sorgen Sie für einen kleinen Sprung im Glas des Displays an einer unbedeutenden Stelle (das geht zum Beispiel mit einem kleinen Nagel und einem Hammer) – dann sieht das eigentlich eben erst auf den Markt gekommene Smartphone so aus, als würden Sie es schon seit Monaten besitzen und Ihr Freundeskreis wird Sie feiern! Auch für Sie lautet die Farbempfehlung schwarz oder zumindest ein dunkler Farbton, damit sich Kratzer und Risse kontrastreich abheben. Falls nicht ohnehin schon installiert, laden Sie sich noch die *my-paid-apps*-App herunter, damit können Sie vor Ihren Freunden Eindruck schinden und dokumentieren, wie viel Geld Sie bereits in den Kauf von Apps investiert haben.

1.500 Punkte und mehr

Eure Majestät, es ist eine Ehre, Sie auf diesen Buchseiten begrüßen zu dürfen: Sie sind der ungekrönte König des Smartphone-Weltreichs.

Ihnen ist es gelungen, die nächste Stufe der Evolution zu erreichen, Sie sind komplett digitalisiert und mobil optimiert. Sie müssen weder Ihr Haus, Ihr Bett oder Ihren Thron verlassen, um Ihre Gedanken und Weisungen zu verlautbaren noch benötigen Sie sonstigen menschlichen Kontakt zum Überleben. Sprache und sprechen ist in Ihrer Welt auf das Maß reduziert, dem es gebührt. Affen können schließlich auch ohne erkennbare Worte kommunizieren und Wale können unter Wasser singen, wie Sie es seinerzeit in Wikipedia gelesen haben. Dies ist tatsächlich Ihre Welt.

Ja, es ist Menschen wie Ihnen zu verdanken, dass Neuwagen Smartphone-optimiert werden, dass Fluggesellschaften onboard-WLAN einführen, obwohl es doch angeblich immer die Fluginstrumente störte, dass selbst die Deutsche Bahn kostenloses WLAN in allen ICEs verspricht, damit Sie sofort twittern können, falls ein Zug pünktlich einen Bahnhof erreicht.

Ihr Smartphone ist selbstverständlich eine Sonderanfertigung basierend auf dem neusten verfügbaren Modell des Marktführers. Es scheint in strahlendem Platin und ist rundherum besetzt mit funkelnden Swarovski-Steinen. Ihr Smartphone ist Ihr Zepter, es sei denn, Sie bevorzugen einen Reichsapfel als Insignie Ihrer Macht.

Erlauben Sie dennoch, eine winzige Verbesserungsoption zu benennen, um Sie letztlich zu einem gekrönten Oberhaupt werden zu lassen, denn Sie brauchen Untertanen, die sich ehrfurchtsvoll verbeugen, wenn Sie ein neues Video im hochherrschaftlichen Blog posten. Und dafür werden Sie doch hier und da noch einmal ganz altmodisch kommunizieren müssen, um auch wirklich alle erreichen zu können. Es ist verständlich, dass es Ihnen, Majestät, zuwider ist, diese Form des verbalen Austauschs zu praktizieren, weil Sie vor Ewigkeiten damit aufgehört haben. Aber keine Sorge, Sie können diese Kommunikationsform unter Ausschluss der Öffentlichkeit üben. Installieren Sie die App *My Talking Pet*, mit der man Haustiere zum Sprechen bringt und üben Sie.

Ich bitte um Erlaubnis, mich nun entfernen zu dürfen.

Fundstück #5
Kein Mensch hätte vor 20 Jahren 2.200 DM für ein Telefon bezahlt, mit dem man praktisch nie jemanden anruft.

Der Hype

Da gibt es etwas, was sich für mich nicht erschließt. Die Leute campieren eine Woche oder länger vor dem Mobilfunkladen, um der Erste zu sein, der das neue Smartphone in den Händen hält. Warum? Wenn ich sowieso nicht der Erste in der Reihe bin, dann bin ich auch nicht der Erste, der das neue Wunderding in den Händen halten kann. Warum campe ich dann trotzdem an 434. Stelle? Besteht wirklich die Hoffnung, dass die 433 Leute vor mir nach vier oder sechs Tagen plötzlich keine Lust mehr haben und nach Hause gehen? Vielleicht, wenn man Zweiter oder Dritter ist, okay, aber nicht, wenn man der 434. ist! Diesen Hype schafft nicht einmal Justin Bieber bei seinen Konzerten. Wenn also die Hardcore-Smombies da eine Woche in ihren Zelten vor dem Fallobst-Store sitzen, kommen mir ein paar Fragen in den Sinn: Wo gehen diese Menschen zur Toilette, waschen oder duschen die sich überhaupt? Was essen die? Was machen die eigentlich den ganzen Tag, denn wo zur Hölle laden sie ihre alten Smartphones auf?

Selbst die Medien berichten eine Woche vor und eine Woche nach Verkaufsstart vom neuen Mega-Smartphone. Die Woche davor tun die Sender so, als ob sie alles schon über das Technik-Highlight wüssten, jeder TV-Kanal und jede Radiostation lobt, wie toll das Smartphone doch ist und alle Sender verlosen – natürlich als Erster – dieses neue Smartphone. Gut, wenn jeder Sender das neue Smartphone als Erster verlost, wer ist dann eigentlich der Erste? Ich bin sicher, auch zur Beantwortung solcher Fragen gibt's garantiert tolle Apps. Aber in der Woche nach dem Verkaufsstart sieht es merkwürdigerweise ganz anders aus. Jeder Kritiker findet es schlecht und jeder TV-Sender zerreißt es in der Luft. Denn jeder hat auf einmal einen Taschentelefonexperten zu Gast, der das Gerät fachkundig kritisieren darf und das auch nach allen Regeln der Kunst macht. Zu diesen Beiträgen wird dann meist Geld verlost oder eine Reise nach Mallorca.

Der Zinnober vom Camping bis zur allumfassenden TV-Kritik wird aber nur bei den Neuheiten vom Fallobst und von den Koreanern veranstaltet. Bei allen anderen Herstellern ist es egal. Es gibt im Internet zur Einführung eines neuen Fallobst-Geräts ein Video aus Australien, in dem ein Jugendlicher der Erste war, der das neue Smartphone in den Händen halten durfte. Er campierte nur volle acht Tage vor dem Laden. Die Reporterin stand neben ihm, als er aufgeregt den Karton mit seinem neuen Smartphone öffnete, und es kam, wie es kommen musste: Der junge Mann zitterte so sehr (Entkräftet! Dehydriert!! Orientierungslos!!!), dass ihm das Handy aus der Hand rutschte und auf den Boden fiel. Muss ich erwähnen, dass natürlich diese gemeinen, neuen, superharten Fliesen auf dem Boden schuld daran waren, dass das Display des Geräts in Tausende Teile zersprang? Ja, man kann sein Geld auch anzünden, aber das hätte nicht die gleiche Wirkung auf die Presse und, ehrlich, es gibt ja Leute, die wirklich alles tun, um ins Fernsehen zu kommen. Irgendwoher muss RTL ja die nächste Generation der Dschungelcamp-Teilnehmer nehmen.

Die neuen Wundergeräte werden zwei Monate vorher in einer großen Präsentation angekündigt. Beim Fallobst ist der Hype so riesig, dass man es per Livestream im Internet ansehen kann, sofern der Andrang die Leitungen nicht lahmlegt.

Die Obstbauern vom Fallobst-Hof haben ja eigentlich nur ein einziges, wirkliches Smartphone im Angebot, und bei der hochkreativen Namensfindung wechselt immer die Zahl hinter der Gerätebezeichnung und dann gibt's für die ganz harten Sonderfälle sogar noch einen Buchstaben. Das sieht in Korea auch nicht grundsätzlich anders aus: Die Wettbewerber von der anderen Seite der Erde haben zwar unzählige Smartphones im Angebot, aber auch bei ihrem wichtigsten Produkt springt immer nur die dem Gerätenamen folgende Zahl eine Stelle nach oben und es kommt ein kleines Wort dazu. Aber immerhin ein ganzes Wort, nicht nur ein Buchstabe. Ist das ein Zeichen für die Sparpolitik der Amerikaner?

Es ist ja nicht so, dass diese beiden Konzerne nur Smartphones herstellen. Nein, sie machen auch sogenannte Smartwatches. Eine Uhr, auf der man Nachrichten lesen kann, auf der man sehen kann, wer anruft oder mit der man einfach total cool ist, weil man so ein Ding hat. Für was man so etwas braucht? Statussymbol? Beschäftigungstherapie? Die Displays der Smart-Watches sind auch im Zeitalter der megagroßen Smartphones absurd klein. Trotzdem kann man sie maximal ein paar Stunden nutzen, denn dann muss man sie wieder aufladen, weil der Akku bei so viel Statusgehabe schneller schlappmacht. Dieser ganze Hype ist, insbesondere bei neuen Geräten der Amerikaner, ganz schön irre. Das Fallobst weiß, wie beliebt seine Produkte sind, weil die Smartphones am ersten Tag immer ausverkauft sind. Ich glaube ja, die Amerikaner produzieren absichtlich zu wenig, damit die Leute vor den Läden campen und die Fernsehsender es der ganzen Welt zeigen, wie hip dieser Megakonzern doch ist.

Ist er natürlich nicht. Denn am Ende produzieren Amerikaner und Koreaner auch nichts Besseres als die günstigere Konkurrenz. Aber beide Gerätehersteller haben eine verdammt schlaue Marketingabteilung, die uns mittels fein dosierter Strahlung so willenlos macht, dass wir ihr neues Gerät unfassbar toll finden und kaufen. Ganz ehrlich, im Prinzip ist es so, als ob du einen Fiat Panda kaufst, auf dessen Heck ein Ferrari-Aufkleber pappt. Nur dass der Sticker in diesem Fall ein angebissener Apfel ist. Und auf die Sache mit dem Apfel fallen die Menschen immer schon herein, seit Eva.

Ratgeber: So bekomme ich als Erster das neuste Gerät

1) Besorgen Sie beim Bauhof Ihrer Stadt ein ausgedientes Arbeits- und Montagezelt. Am besten eines, das gleich die Aufschrift »Vorsicht, Arbeiten an Gasleitungen« trägt. Unabhängig davon, wie viele Camper vor dem Apple-Store seit Tagen stehen, errichten Sie Ihr Zelt völlig selbstverständlich vor dem ersten Camper und behaupten Sie, Sie hätten hier etwas Wichtiges zu erledigen. Man wird Ihnen glauben, weil auch Ihre Bauarbeiterkleidung einerseits die Tarnung unterstreicht, andererseits wird eine große Zahl borniertet Mit-Camper nicht erwarten, dass Sie als zerlumpter Gaswerkangestellter überhaupt das notwendige Kleingeld für die nächste Smartphone-Generation übrig haben. Und so werden Sie in jedem Fall der Erste sein, der den Laden betritt.

2) Eine Alternative zu der umständlichen Verkleidung ist, sich als Reporter der hiesigen Lokalzeitung auszugeben. Dazu reicht vermutlich schon ein Exemplar irgendeiner Tageszeitung oder eines Werbeblättchens unterm Arm; die Leute, die hier Schlange stehen, haben seit Jahren keine Zeitung mehr gesehen und wissen eh nicht, wie ein echter Reporter aussieht. Seien Sie zehn Minuten vor Ladenöffnung da und befragen Sie die ersten drei Wartenden in der Schlange. Pünktlich zur Ladenöffnung stehen Sie *vor* dem Ersten und huschen in den Laden mit dem Versprechen, die drei Befragten auf Seite 1 Ihres Käseblatts zu bringen.

Fundstück #6
Wenn man bei Google Google googelt, dann googelt Google *Google*!

Zu doof zum Googeln

Es ist so toll, dass wir in einer Zeit leben, in der es die Google-App gibt, aber leider weiß nicht jeder, wie sie funktioniert. Bei der Generation, die vor 1960 geboren wurde, mag der unfallfreie Umgang mit dem *Internetz* Glückssache sein, aber bei einem jungen Hüpfer, der 2001 geboren wurde? Ja genau, wir sind zurück bei meinem Neffen.

Er hat es zwar inzwischen auf ein Gymnasium geschafft, ist mit den Segnungen von Google allerdings immer noch überfordert. Na ja, woher soll es auch kommen, denn von seiner Mutter, also meiner Schwester, möchte ich hier gar nicht erst reden – das würde ein weiteres ganzes Buch füllen.

Die ungeschminkte Wahrheit lautet: Hausaufgaben im Speziellen und Lernen im Allgemeinen sind im Zeitalter des Internets keine große Sache mehr. Und bevor jetzt wieder die Bildungsromantiker mahnend den Finger heben: Ja, natürlich, wenn man Hausaufgaben mit Hilfe von Google macht, hat das nicht viel mit Lernen zu tun, aber es ist immer noch hundert Mal praktischer, als wie in der Steinzeit, jeden Kontakt im Smartphone anzurufen, um herauszufinden, in welcher Epoche König Drosselbart regiert hat. Für die Antwort auf derlei Fragen, mein lieber Neffe, gibt es Google! Dr. Google weiß auch, was passiert, wenn man Blausäure und Kohlensäure mischt. Wenn man *überhaupt* wissen will, was Kohlensäure *überhaupt* ist. Oder wie man die Wurzel aus 144 zieht oder man ein Stück Wurzelholz in sieben Stücke zersägt. Du musst nur wissen, wo Dr. Google wohnt.

Eigentlich muss man nur wissen, was man nicht weiß. Und darauf vertrauen, dass Google im Internet immer jemanden findet, der alles weiß. Okay, auf jeden Fall jemanden, der behauptet, die korrekte Antwort auf die Frage zu haben.

Klar gibt es Themen, da befragt man das Internet lieber nicht.

Zum Beispiel, wenn man sich krank fühlt. Die Antworten könnten Sie in eine quietschfidele Depression treiben. Machen Sie es bitte genauso wie vor zwanzig Jahren und gehen Sie einfach zum Arzt.

Wenn Sie zum Beispiel aus Neugierde eingeben, dass Ihnen der linke Zeigefinger wehtut, dann sind Sie laut Google dem Tode geweiht. Ganz unrecht hat Google damit ja auch nicht, aber Sie werden vermutlich nicht sterben, weil Ihnen der Zeigefinger wehtut. Es sei denn, Sie haben ihn abgeschnitten und der Stumpf blutet vor sich hin, dann kann es sein, dass Sie irgendwann ausgelaufen sind – aber auch in diesem Fall gehen Sie bitte möglichst vorher noch zum Arzt. Ein paar Beispiele aus dem Netz gefällig? Bitte sehr:

Hilfesuchender: »Ich habe einen **blauen Fleck** am Oberschenkel, was kann ich tun?«

Ratgeber 1: »Sofort zum Arzt, das ist eine Blutvergiftung!«

Ratgeber 2: »Je 10 g Arnika, Beinwurz, Johanniskraut, Königskerze und Ringelblume mischen, in 500 ml Wasser aufkochen, 10 Min. köcheln lassen, etwas abkühlen lassen, ein Tuch einweichen und als Kompresse verwenden. Nicht auf offene Wunden legen und den Sud keinesfalls trinken!«

Ratgeber 3: »Nicht zum Arzt gehen, erst mal einem Apotheker zeigen, so musst du nicht gleich Praxisgebühren bezahlen!«

Hilfesuchender: »Kennt jemand ein gutes Hausmittel gegen Hühneraugen?«

Ratgeber: »Sofort ins Krankenhaus, ein Hühnerauge kann zu Knochenhautentzündung führen, damit solltest du keinesfalls spaßen!«

Hilfesuchender: »Ich bekomme meinen Schluckauf nicht weg, Erschrecken und Wasser trinken hilft nicht, wer hat einen Rat?«

Ratgeber: »Geh umgehend zum Arzt: Ein Schluckauf ist ein deutlicher Hinweis auf eine dieser Krankheiten: Gehirntumor, Zwölffingerdarmgeschwür, Schlaganfall, Schädelhirntrauma, Krebs – hab ich im Netz gelesen.«

Auch schön ist diese Schlagzeile des österreichischen Gesundheitsportals GESUND24:
»Das Ausdrücken von Pickeln kann tödlich sein.«

Ich hoffe an dieser Stelle, dass Sie sich jetzt beim Lesen nicht am Papier schneiden, denn laut der *Aachener Zeitung* vom 8.8.2007 führt das unweigerlich zur Amputation des Unterarms, wenn Sie das Buch nicht regelmäßig desinfiziert haben – und damit offenbaren sich auch eindeutig die gesundheitsförderlichen Eigenschaften von E-Books.

Aber zurück zum Thema: Es ist völlig egal, welche Krankheit Sie eingeben, Google findet garantiert jemanden, der genau daran gestorben ist. Klar, Google findet sowieso alles und jeden aus und in jeder Perspektive, siehe *Google Maps*.

Die *Google-Maps*-App ist ja auch wirklich praktisch. Sie können im Satelliten-Modus nachschauen, ob Ihre Wäsche noch im Garten hängt oder ob der Wind sie auf das Nachbargrundstück geweht hat. Sie können sehen, wie die Nutzer eine Parkbank am Waldrand bewerten. Und Sie können natürlich Routen berechnen lassen. Die Antwort auf jede Frage »wie komme ich von A nach B.« Doch bitte fragen Sie Google nie nach Wegen, die auch zum Teil über das Meer führen. Google gibt Ihnen eine Wegbeschreibung, bei der Sie viel und lange schwimmen müssen. Laut Google kann man sogar mit dem Auto schwimmen. Das kann vom europäischen Festland nach Australien schon mal ein paar Wochen dauern. Ja, es gibt Ausdauer-Sportler, die schon den Ärmelkanal überquert haben, aber ich bezweifle trotzdem ernsthaft, dass die es mit dem Auto bis nach Australien schaffen würden. Ich verspreche, ich komme an anderer Stelle nochmals auf die mobile Navigation zurück.

Weil Google jedes Thema findet, kann man im Internet auch zu allem und jedem seine Meinung kundtun, egal ob man nun richtigliegt damit oder nicht. Das Netz gibt auch jedem die Möglichkeit, alles zu sein, was man will. So findet man 82 Millionen deutsche Ärzte oder auch 82 Millionen Bundeskanzler und Bundeskanzlerinnen, nur eines findet man grundsätzlich nie: jemanden, der ehrlich sagt, dass er von dem Thema keine Ahnung hat. Meist läuft eine Onlinediskussion so ab:

(1) Meinungsäußerung
(2) Kommentare, die versuchen, die Meinung zu widerlegen
(3) Abwarten
(4) Klugscheißern
(5) Sich über die Rechtschreibung beschweren
(6) Beleidigen
(7) Beleidigen
(8) Beleidigen
(9) Witze über die Mutter der/des anderen machen
(10) Der Beitrag und alle Kommentare werden von der Redaktion gelöscht.

Solche Kommentarorgien sind mir sehr häufig auf der Facebook-Seite einer bekannten Boulevardzeitung aufgefallen, deren Namen ich hier nicht nennen will. Ich finde es immer sehr lustig, wenn Leute die Zeitung und ihre Redaktion beleidigen, die sie geliked haben müssen, um zu kommentieren, und dann aber abstreiten, dass sie vorher jemals auf dieser Facebook-Seite waren. Dann liest man entschuldigende Kommentare, wie: »Ein Freund von mir hat den Beitrag geliked, und ich sehe das in meiner Chronik angezeigt und musste darauf reagieren.« Ja sicher, und wie kommt die Facebook-Seite dieser Berliner Zeitung dann auf über zwei Millionen Likes, wenn niemandem diese Seite gefällt?

Man sollte auch mit ernst gemeinter Meinungsäußerung überaus vorsichtig sein, zumal, wenn die eigene Meinung sich von Volkes Stimme unterscheidet. Die wichtigste Regel: Erwarten Sie im Internet bitte keine respektvolle Behandlung, hier drohen hinter jedem *Nickname* Beleidigungen der übelsten Art. Und falls Sie sich auf eine solche Diskussion (›Ich hab sowieso Recht!‹ – ›Mag ja sein, aber wie kommst du darauf?‹) einlassen, kommen die maximal unschlagbaren Argumente auf den Tisch: Der *Nickname* sagt in 90 von 100 Fällen, er habe seine Antwort gegoogelt, und deshalb müsse sie ja stimmen. Wann immer ich so etwas lese, schmeiße ich mich vor Lachen weg. ROFL*

Ja genau, im Internet steht bekanntlich alles, was man wissen will – aber vor allem steht es irgendwo auch immer genau so aufbereitet, umgedeutet und interpretiert, wie man es sich gern wünscht oder gerade braucht.

Ich finde es gut, dass es auf der Welt mehrere Sprachen gibt. Stellen Sie sich vor, wir würden alle dieselbe Sprache sprechen und jeder könnte zum Thema in jeder verständlichen Sprache seinen Senf dazugeben? Das wäre ja der absolute Horror! Stellen Sie sich weiter folgendes Szenario vor:

(1) In Deutschland schneit es. Ich poste diese enorm wichtige Information in meinem sozialen Netz.

(2) Ein Thailänder, der in seinem Leben noch nie Schnee gesehen hat, liest meinen Post und will mir erklären, warum es in Deutschland schneit und in Thailand nicht.

(3) Ein Mann aus Phoenix, Arizona in den USA, der ebenfalls noch nie Schnee gesehen hat, findet es anmaßend, dass Thailand für sich allein reklamiert, dass es dort nicht schneit ...

(4) ... und schon bricht eine Welle der Beleidigungen über die Kontinente hinweg los. Und so oder so ähnlich könnte es wohl bei so ziemlich jedem Thema geschehen; dabei hätte ich nie vermutet, dass Schnee ein Reizthema ist.

Aber irgendwo auf der Welt gibt es immer Menschen, die keine Ahnung haben, aber furchtbar gern so tun, als ob sie die Weisheit mit Löffeln gefressen hätten und ihre Meinung erst einmal kundtun, um dann irgendwann doch mit der Erklärung zu schließen: »Das steht aber so bei Google.«

Es gibt ja für alles im Internet Foren, in denen man sich Hilfe suchen kann und Ratschläge von Fremden bekommt und es mag ja für manche wichtig sein, seine Probleme mitten ins Internet zu schreiben und um Hilfe zu bitten. Aber stellen Sie sich eine Welt mit nur einer Sprache vor, bekäme die Frau aus Düsseldorf dann tatsächlich hilfreiche Ratschläge zu ihren Eheproblemen von der Araberin aus Damaskus in Syrien? Ehrlich, ich wäre ja schon ein bisschen neugierig, welche Ratschläge sich aus solch gegensätzlichen Weltanschauungen ergeben würden, aber vermutlich wären diese Ratschläge weniger hilfreich, sondern vielmehr ziemlich skurril. Gut also, dass es doch mehr als nur eine Sprache gibt!

Ratgeber: Google

1) Nehmen Sie sich Zeit. Wenn Sie eine Frage haben, fragen Sie einfach Google. Sie werden Millionen Antworten erhalten. Nun liegt es nur noch daran, die für Sie und Ihre Frage passende herauszusuchen, das kann zwar dauern, führt jedoch langfristig zum Erfolg.

2) Sie können immer mit Google rechnen: Die Wurzel aus 144 ist 12.

3) Google rettet Leben: Wenn Sie sich in den Finger schneiden, nutzen Sie Ihr Kopftuch, um die Blutung zu stillen und gehen Sie zum Arzt. Google weiß, wo der nächste Arzt ist, der mindestens vier von fünf Sternen hat. Und auch die schnellste Route zur Praxis wird gleich berechnet. Letztlich nennt Ihnen Google noch die beliebteste Online-Apotheke für Ihre Pflasterbestellung (Obacht, nicht mit dem Pflaster aus dem Baumarkt verwechseln, siehe Punkt 1).

Fundstück #7
Gerade einen alten Vokabeltest gefunden.

Deutsch: *Stattfinden*
Englisch: *to find a city*

Google-Übersetzung

Jeder kennt ihn und es soll auch Menschen geben, die ihn schätzen. Zum Beispiel Comedians. Die Rede ist vom Übersetzungsprogramm von Google, dem *Google-Translator*. Ich hoffe inständig, Sie nutzen ihn wirklich nur zur eigenen Belustigung. Und nie, wirklich nie, um mit Ihren Geschäftspartnern in Tokio, Dublin oder sonst wo zu korrespondieren. Selbst im Urlaub kann Sie Google in Teufels Küche bringen – oder noch ganz woanders hin.

Ich wurde in Köln von einem Japaner angesprochen. In der Hand sein Smartphone, und geöffnet der Google-Übersetzer: Er tippte wie wild was auf sein Gerät ein und zeigte es mir dann. »Ich will ans Meer«, stand auf seinem Display. Erklären Sie mal auf Japanisch, dass Köln nicht am Meer liegt ... Hoffnungsfroh reichte er mir sein Smartphone und so tippte ich auf Deutsch »Es tut mir leid, aber Köln liegt nicht am Meer« ein und drückte auf ›Übersetzen‹. Was dann auf dem Bildschirm zu sehen war, waren für mich nur skurrile Zeichen, aber für ihn ergaben sie offensichtlich Sinn. Aber offenbar brachte ihn meine Antwort – beziehungsweise die Übersetzung von Google, auf die Palme, denn er sah mich entsetzt an und fluchte irgendetwas auf Japanisch. Ich kann nicht sagen, ob er sich in der Stadt geirrt hatte oder ich mich so sehr verschrieben hatte, dass die Übersetzung zur Beleidigung wurde, aber am wahrscheinlichsten hielt ich die Theorie, die meine Freunde ins Spiel brachten: Er suchte vermutlich nicht das Meer, sondern den Rhein. Den hätte ich ihm sogar zeigen können, denn er hätte nur zwei Minuten die Straße hinter dem Dom hinuntergehen müssen, um seine Füße in die kalte Brühe halten zu können.

Klar, ich hätte ihm auch den Weg zum Meer beschreiben können – von Köln aus – zu Fuß. Aber es gibt nun einmal Nordsee und Ostsee. Wie hätte ich beschreiben sollen, wo er hätte entlanglaufen müssen? Nein, ich wollte auf keinen Fall die Schuld daran tragen, dass sich ein Japaner in Deutschland verläuft.

Ich wurde auch schon von einem Engländer angesprochen, der den Weg zum »River« suchte. Dem konnte ich auch ohne Probleme helfen, denn das Wort River versteht jeder, der schon einmal im Aldi eine Cola gekauft hat – und der Kölner an sich versteht die Wörter *Dom* und *Rhein* in allen Sprachen der Welt.

Ich selbst suche mir ja immer Urlaubsländer aus, in denen ich wenigstens ein paar Wörter sprechen und verstehen kann, oder ich nehme jemanden mit, der die fremde Sprache ein wenig spricht, und wenn das alles nicht hilft, versuche ich es mit meinem Schulenglisch. Das ist zwar inzwischen ziemlich eingerostet, aber um den Weg ans Meer zu finden oder zum Fluss reichte es bisher fast immer. Ich sage bewusst ›fast immer‹.

Gut, der Ire damals wollte mich bestimmt einfach nur ärgern, als er mich in die falsche Richtung schickte und ich das Meer erst am anderen Ende der Insel erreichte. Und ja, er hatte auch nicht ganz Unrecht, dass in dieser Richtung das Meer lag. Ich hatte schließlich nur gefragt, *wo* es zum Meer geht und nicht nach dem *kürzesten Weg zum Meer*. Das nehme ich also auf meine Kappe.

In dieser Internetwelt ohne Grenzen und Sprachbarrieren kann man sich Freunde oder gar seinen Ehepartner im Ausland suchen, gelobt seien die internationalen Chat-Räume zu so ziemlich jedem Thema. Und man muss die fremde Sprache gar nicht können, genau dafür gibt es ja den Google-Übersetzer. Jetzt frage ich mich allerdings, was machen diese frisch übers Internet Verliebten, wenn sie sich zum ersten Mal sehen? Wie unterhalten sie sich? Chatten sie per Handy und *Translator* weiter? Ich kann mir nicht vorstellen, wie das gehen soll ...

Wenn es nur Freunde sind, geht das vermutlich noch einfach, denn um zusammen Alkohol zu trinken, muss man sich ja nicht unterhalten, und nach dem fünften Bier klingt ohnehin jede Sprache gleich und man weiß sowieso nicht mehr, was derjenige gegenüber gesagt hat, man lacht nur oder schaut traurig – in der Hoffnung, dass man die jeweils richtige Emotion trifft. Wenn aber einer aufsteht und geht, dann war die gezeigte Emotion vermutlich falsch, oder das letzte Bier war wie immer schlecht. Das kann beim Chatten nicht passieren, denn da wird die emotionale Lage, der Unterton des Geschriebenen, über Smileys mitgeteilt, die können traurig, lustig, frech, verständnislos usw. sein. Smileys kennen mehr Emotionen als die meisten Menschen, denen ich begegnet bin.

Mich würde ja mal interessieren, ob es Leute gibt, die mit dem Google-Übersetzer Bewerbungen in andere Länder verfasst haben. Auch wenn Sie jetzt denken, so etwas tut doch keiner, kann ich Ihnen versichern, dass es Menschen gibt, die sich in andere Länder bewerben, obwohl Sie kein Wort der fremden Sprache sprechen. Bewerbung mit Google-Übersetzer – das wäre für Außenstehende sicher sehr lustig. Wie stellen Sie sich das vor? Sie gehen in ein Land, in dem Sie nicht ein Wort in der Landessprache verstehen und finden da sofort einen Job? Welchen Job kann so jemand machen? Wenn Ihnen was Sinnvolles einfällt, schicken Sie mir das bitte per Post zu. Ich wollte ja schon immer in Irland leben. Ach wissen Sie was, ich probiere das jetzt einfach aus. Hier ist mein Bewerbungsschreiben:

Sehr geehrte Damen und Herren,

mein Name ist Christian Klein, ich bin 1985 geboren und suche eine Anstellung als Autor für humoristische Sachbücher. Wie Sie meinen beigefügten Unterlagen entnehmen können, habe ich bereits einige Erfahrung recht erfolgreich auf diesem Gebiet sammeln können und möchte Ihnen mein theoretisches und praktisches Wissen zur Verfügung stellen.

Mein Traum war es schon immer, in Irland zu leben und zu arbeiten, vor allem, weil ich als Autor in Irland keine Steuern zahlen muss, was meiner Haushaltslage sehr entgegenkommt.
Lernen Sie mich als flexiblen und tüchtigen Mitarbeiter kennen, der partnerschaftlich mit Kollegen und Vorgesetzten umzugehen weiß, ich bin verlässlich, stets pünktlich und stehe neuen Herausforderungen offen gegenüber.
Gerne sende ich Ihnen ein Probekapitel zu, damit Sie sich von meiner Leistung überzeugen können.
Ich freue mich auf Ihre Rückmeldung.

Mit freundlichen Grüßen,
Christian Klein

Diesen Text gebe ich jetzt in den *Google-Translator* ein und übersetze ihn, hm, mal sehen, zuerst ins Irische, das macht ja Sinn! Aber jetzt einfach rückübersetzen ins Deutsche ist als Übung zu einfach für dich, Google, oder? Das durchschaust du doch sofort und schickst mir einfach meinen Originaltext zurück. Also aus dem irischen Text mache ich jetzt eine finnische Übersetzung, in Finnland soll es ja auch ähnlich schön sein wie in Irland. Komm, und noch eins obendrauf, zugunsten meines Neffen auf dem Gymnasium übersetze ich die finnische Fassung ins Lateinische und von dort zurück ins Deutsche. Mein potenzieller neuer Arbeitgeber bekommt von mir Folgendes zu lesen:

Brüder,

Klein zu sein, ein Christ ist mein Name, und ich war schon in der Arbeit im Jahr 1985 – wurde aber vor 400 konzipiert, im verspielten Look.
Als sammeln das Unternehmen bereits die Dokumente nicht genug sein können, meine in diesem Bereich beteiligt sind die Nut-

zung der Ware zu sehen sind, würde ich. Mag zu, dass die
spekulative und praktisch sind.
Der Traum für immer zu leben. Und in Irland, Irlands Geschichte
für den Dienst der meisten – zufrieden. Damit bezahlen musst Du
arbeiten.
Schauen Sie sich den effizienten Team-Wettbewerb mit einer hö-
heren Zusammenarbeit an. Kollegen und Genossen, ich möchte
immer offen zeugen, als Herausforderungen der Zeit.
Ich ziehe es zu, denken Sie, ein Beispiel auf der Turmspitze zu
machen.
Warten und sehen …

Ich bin ehrlich, den Job kann ich mir vermutlich abschminken.

Beim Auswandern wird ja zum Teil durchaus verlangt, dass man
Deutsch spricht, aber dann muss man trotzdem auch die Landessprache ein wenig beherrschen, oder? Kennen Sie diese tolle Sen-
dung *Goodbye Deutschland – Mein Auslandstagebuch*, die immer
wieder zeigt, dass lange nicht jeder Auswanderer so weit denkt:

»Hey, ich bin Mandy und ich wandere nach Malle aus, ich
habe auch schon eine geile Finca angeguckt übers Internet. Der
erste Schritt, wenn ich auf der Insel bin, ist mir einen Job zu suchen.«

Die Leute suchen sich zunächst eine Finca mit acht Schlaf-
zimmern, ohne einen Job zu haben? Für mich ein wenig unlo-
gisch? Aber diese mangelnde Logik treibt es noch bunter:

»Ey, was soll'n das? Die Papiere sind ja alle auf Spanisch?! Bei
uns sind die doch auch auf Deutsch und Mallorca gehört doch
zu Deutschland!«

So, bis genau hierhin, und dann machen wir Stopp! Deutsche
wandern nach Mallorca aus, sind dann überrascht, dass nicht alle
Menschen vor Ort Deutsch sprechen und die Dokumente der
Behörden in Spanisch verfasst sind?

»Mallorca ist mein absolutes Traumland, hier wollte ich schon immer mal leben.«

Diese Aussage ist an sich nicht schlimm, im Gegenteil finde ich ja gut, wenn jemand noch Träume hat. Der Haken folgt ja dann erst im nächsten Satz:

»Ich bin das erste Mal hier und bin gespannt, wie das hier so ist.«

Bitte was? Mallorca ist das Traumland, aber die Personen waren noch nie dort? Gut, so kann man natürlich auch nicht wissen, dass dort alle Spanisch sprechen, denn, wenn man im Fernsehen etwas über Mallorca sieht, wird meistens deutsch gesprochen. Weil es im deutschen Fernsehen kam. Ja klar, die reden auf der ganzen Welt deutsch, weil es ja im Fernsehen zu sehen und zu hören war.

Also, da viele ja vollkommen überrascht sind davon, dass auf Mallorca – noch mal zum Mitschreiben: Die Insel gehört zu Spanien, nicht zu Deutschland – spanisch gesprochen wird, wandern viele Auswanderer irgendwann doch wieder zurück. Um in einem fremden Land zu leben, reicht der Google-Übersetzer eben nicht.

 ### Ratgeber: Übersetzen mit Google

1) Lassen Sie es bleiben.
2) Hätten Sie einfach mal besser in der Schule aufgepasst.
3) Deutsch ist schwer (!schwierig!) genug, wofür brauchen Sie überhaupt Fremdsprachen?

Fundstück #8
Damals, als man sich die Welt noch von Peter Lustig erklären ließ,
statt von ein paar Spacken im Internet. Das war schön.

Kein Internet

Man ist ja heutzutage ohne Internet aufgeschmissen. Die Generation Smombie geht sogar so weit, dass sie behauptet, man würde ohne Internet nicht existieren.

Mein Neffe fragte letztens, was unsere Eltern früher ohne Internet gemacht haben, aber das konnten ich und meine zwölf Geschwister ihm auch nicht beantworten *(Ha, ha, ha)*. Dass das fehlende Internet an der Existenzfrage kratzt, kann ich nur bestätigen. Denn auch ich achte darauf, dass ich im Urlaub, im ICE, auf Fähren und in Hotels Internet habe. Da wir immer nach Irland in den Urlaub fahren und uns da ein kleines Haus mieten, irgendwo am Arsch der Welt, ohne Nachbarn, ohne Touristen und vor allem ohne Internet, sieht man mich am ersten Tag immer mit meinem Smartphone übers Grundstück rennen, das Gerät dabei hoch oben in der Luft, in der Hoffnung, doch noch irgendwo ein Stück vom Internet zu erwischen. Es ist meistens total sinnlos. Bei der Vorauswahl der gefühlten vier Millionen Ferienhäuser gleich als Suchkriterium »WLAN« einzugeben bringt nicht viel, denn dann bleiben am Ende nur noch vier Häuser übrig. Ich frage mich jedes Jahr aufs Neue: »Wie machen die Iren das? Wie überlebt man in so einer Welt?« Da aber mein Irisch zu schlecht ist, hatte ich bisher noch nicht die Möglichkeit, einen Iren zu fragen – und die Kühe und Schafe antworten mir sowieso nicht.

Meine erste Amtshandlung nach der Ankunft ist somit immer, in den nächsten Telefonshop zu rennen und dort zu fragen, ob es in der Nähe irgendwo Internet gibt. Nun werde ich meistens von dem Verkäufer ausgelacht, aber daran gewöhnt man sich irgendwann – spätestens nach dem dritten Besuch. Und für dich, liebe Deutsche Post, zum Mitschreiben: Ja, ich bin die Person, die jedes Jahr noch echte Postkarten mit diesen Preisaufklebe-Dingern aus dem Urlaub verschickt – denn Internet gibt es ja auf dem platten Land in Irland nirgendwo.

Ich bin zum Glück nicht der Einzige, der so denkt. Mein Neffe hofft jedes Jahr, dass seine Mutter bei der Urlaubsplanung ein Hotel aussucht, in dem es WLAN gibt, damit er für seine Freunde nicht verschwindet. Ja, er würde für eine Woche nicht mehr *existieren*, und das kann sich ja heutzutage kein Jugendlicher mehr erlauben. Die Hotels, die meine Schwester aussucht, hatten bisher tatsächlich immer WLAN, tja, nur durfte mein Neffe sein Smartphone nie mit in den Urlaub nehmen. Aber das führt unweigerlich zur gleichen Problematik. Auch in diesem Fall existierte er für seine Freunde nicht mehr. Sie vergaßen sogar seinen Namen. Diese WLAN-abhängige Lebensart kann ich mir ja nicht mal im Ansatz vorstellen, aber die ersten Regierungen reagieren bereits darauf und sorgen für umfassende WLAN-Grundversorgung:

In Amerika hat man beispielsweise immer und überall Internet. Man kann es praktisch einatmen. Vermutlich ist jede zweite Kaktee in der Prärie von Arizona in Wirklichkeit ein Sendemast, wie sonst könnte diese umfassende Versorgung möglich sein? Die Frage ist, wann gibt es endlich kostenloses WLAN für Taucher? Also: unter Wasser? Das neue Smartphone der Koreaner soll ja wasserdicht sein, also ist es nur noch eine Frage der Zeit, bis es das gibt.

Ohne Internet bist du heute komplett aufgeschmissen. Sogar in der Grundschule wird verlangt, dass es zu Hause einen Internetzugang gibt. Das ist praktisch für die Hausaufgaben, aber schlecht für den Orientierungssinn. Geht heute überhaupt noch jemand vor die Tür? Können Kinder ohne Internet überhaupt laufen? Noch schlimmer: Weiß die junge Generation, wie man sich was zu essen macht? Ja, es gibt zur Not Kochbücher, nur finden die meisten Jugendlichen ohne Internet nicht einmal den Weg zur nächsten Buchhandlung. Es ist also ein total verteufelter Teufelskreis. Die können das eine nicht ohne das andere, aber das andere können die nur, wenn die das eine haben und wenn sie das eine nicht haben, haben sie das andere auch nicht. Kapiert? Sonst einfach abtippen und googeln.

Es gibt ja praktisch niemanden mehr in Deutschland, der offline ist. Kein Internet zu haben, ist wie keinen Job zu haben, aber selbst Arbeitslose haben Internet. Es wird ja auch wirklich alles übers Internet geregelt. Wann waren Sie das letzte Mal auf Jobsuche und haben dafür in die Zeitung geschaut? Ja, ich meine dieses große, graue unhandliche Ding aus Papier? Oder nach einer neuen Wohnung gucken? Gibt es überhaupt noch Zeitungen, in denen Jobangebote und Wohnungen annonciert werden? Wer gibt diese Anzeigen auf und vor allem, wer kommt auf diese Retro-Idee? Die Idee ist ja so alt, dass sie schon wieder richtig cool ist.

Was macht die jüngere Generation eigentlich, wenn das Internet mal für einen Monat ausfällt und es kein Mobilfunknetz für Smartphones gibt? Es geht doch heutzutage nichts mehr ohne Google & Co. Jeder geht ins Internet, und mal ehrlich, warum mit Freunden treffen, wenn man auch Leute im Internet beleidigen kann? Das macht doch viel mehr Spaß, als sich im realen Leben diszipliniert zu verhalten. Die meisten haben ohnehin nur virtuelle Freunde. Sie kennen die Leute dann nicht persönlich, aber das sind trotzdem ihre allerbesten Freunde, BFFs*. Andererseits braucht man heute sowieso keine Freunde mehr. Man kann ja im Internet jedem seine Meinung, seine Gefühle oder Erlebnisse erzählen, ob der andere das nun hören will oder nicht.

Selbst die ältere Generation nutzt inzwischen das Internet. Dafür gibt es sogar einen Begriff, der im Duden steht: *Silver Surfer* nennt man die Generation von Senioren mit Interneterlaubnis. Warum sich die Erfinder dieses Begriffs jetzt ausgerechnet eine Comicfigur als Namensgeber ausgesucht haben, wird vermutlich auf ewig deren Geheimnis bleiben. Die Oma einer Freundin ist 64 Jahre alt und erzählte letztens, dass sie wieder einen Freund hat. Ist ja super, dachte ich – bis zu dem Moment, als sie verkündete, dass sie ihn im Internet kennengelernt hat, dass er 23 Jahre alt ist und aus Montevideo stammt.

 ## Ratgeber: Überbrückung internetloser Zeit

1) KEINE PANIK ! ! !

Normalerweise kehrt das Internet innerhalb kurzer Zeit wieder zurück und dann ist doch wieder alles gut.

2) KEINE PANIK ! ! !

Auch wenn Sie jetzt schon über eine Minute kein Internet mehr haben, ist es höchst unwahrscheinlich, dass ausgerechnet Sie das Internet gelöscht haben. Sie hatten doch schon immer ein komisches Gefühl bei Ihrem Nachbarn. Beobachten Sie zwei, drei Minuten lang, ob Ihr Nachbar sich vielleicht verdächtig verhält und machen Sie sich gegebenenfalls handschriftliche Notizen oder fertigen Sie Strichzeichnungen an.

Gut, die Zeit ist um, ist das Internet wieder da? Nein ... Mist, aber

3) KEINE PANIK ! ! !

Überprüfen Sie, ob alle Stecker ordnungsgemäß in den Steckdosen stecken. Das kann je nach Haushaltsgröße eine Weile dauern. Vergessen Sie dabei nicht, auch den Stecker für den Router und das Ladegerät des Smartphones zu überprüfen.

Überprüfen Sie alle in Papierform vorliegenden Rechnungen und versuchen Sie, sich zu erinnern, ob tatsächlich alles bezahlt ist. Konzentrieren Sie sich dabei bitte insbesondere auf die Smartphone-Rechnung und die Stromrechnung.

Falls dies alles nicht zum gewünschten Erfolg führt, überprüfen Sie, ob Sie überhaupt zuhause sind. Falls nicht, und falls Sie und

Ihr Smartphone kein Internet haben, obwohl die notwendigen Rechnungen bezahlt sind, dann, tja, dann sind Sie vermutlich in Irland.

Züchten Sie ein Schaf. Wenn Sie damit fertig sind, ist auch das Internet wieder da. Versprochen.

Fundstück #9
Mitarbeiterbefragung:
Welche Software benutzen Sie am häufigsten in der Firma?

Kollegin: Wie schreibt man *WhatsApp*?

Messenger

Wie gesagt, die SMS ist out, jetzt schreiben wir alle, Sie und ich, über Messenger. Es gibt ziemlich viele, unterschiedliche Messenger, aber der beliebteste ist mit Abstand noch immer *WhatsApp*.

Besonders im Urlaub ist ein Messenger praktisch, denn so ziemlich jedes Hotel (außerhalb Irlands) hat heute WLAN, so dass man mal eben schnell und vor allem kostenlos ein Urlaubsfoto verschicken kann. Wann haben Sie denn die letzte Postkarte bekommen? Das ist sicher eine Weile her, es sei denn, es waren Oma oder Opa im Urlaub im australischen Outback, oder Sie kennen mich oder ein Familienmitglied, das Urlaub in Irland macht.

Am meisten leidet die Deutsche Post darunter, denn die Postbeamten erfahren nun nicht mehr von fremden Postkarten, wo es schön ist und wo es weniger schön ist. Heute müssen die Briefträger alles selbst herausfinden und, auch wenn es ihnen gegen den Strich geht, selbst nach den Hotelbewertungen googeln.

WhatsApp ist inzwischen kostenlos und hat die SMS überflüssig gemacht. Ich finde *WhatsApp* sehr gut, denn dieser Messenger ist in jedem Land verfügbar, solange man störungsfreien Zugang zum Internet hat; was bedeutet, dass man in Irland auf dem Land vermutlich noch nie davon gehört hat, und die Aborigines unter dem Ayers Rock in Australien wissen vermutlich nicht einmal, was ein Handy, geschweige denn ein Smartphone ist. Aber auch diese Menschen überleben, irgendwie.

Man kann ja auch so herrlich viel über diese Messenger regeln. Vielleicht wissen Sie ja, dass ich ein paar Jahre im Discounter beschäftigt war. Dort hatten wir eine Messenger-Gruppe, in der unser Wochenarbeitsplan verschickt wurde. Jeder bekam ihn auf sein Smartphone, denn jeder Mitarbeiter hatte *Whats-App* in unserer Filiale. Klar, kaum kam ein neuer Plan, ging es auch los mit: »Ich kann an dem Vormittag nicht, und in der Spätschicht kann ich erst recht nicht«, usw. Und das wiederholte sich jede Woche, so dass der Plan natürlich immer wieder geändert wurde, bis er schließlich für alle passte und dann in Papierform ausgehängt wurde.

Wie ich eingangs sagte, gibt es ja nicht nur *WhatsApp*. Auch Messenger-Dienste gibt es wie Sand am Meer. Klar, wenn ein Nachrichtendienst plötzlich erfolgreich ist, wollen alle anderen auch solch eine Gelddruckmaschine haben. Natürlich kommt *WhatsApp* aus den Vereinigten Staaten von Amerika. Das Programm wurde vor wenigen Jahren von *Facebook* für die unglaubliche Summe von 19 Milliarden Dollar gekauft. *WhatsApp* hat nach eigenen Angaben um die 450 Millionen Nutzer. Für mich sind beide Zahlen unvorstellbar. Werden diese 19 Milliarden Dollar ganz lapidar überwiesen mit der Home-Banking-Software des Geldinstitutes *(... »bitte geben Sie jetzt die sechsstellige TAN-Nummer ein, wenn Sie den Betrag von $19.000.000.000 an den Empfänger ›WhatsApp Inc.‹, Konto Nr. 123 456 789 überweisen wollen« ...)*, oder übergibt man das Geld in bar – und wie viele Aktenkoffer wären das? Falls das hier jemand liest, der so viel Geld auf dem Konto hat: Könnte er bitte einmal testen, wie viele Aktenkoffer das wären und mir eine *WhatsApp* mit der Antwort schicken? Er kann es mir auch gern überweisen und ich teste das dann selbst. Ich würde die Lösung auch per Postkarte schicken – von meiner neuen, privaten, einsamen Insel.

Inzwischen ist sogar die Deutsche Post auf den Messenger-Zug aufgesprungen. Das Programm heißt »*SIMSme*«. Kennen Sie nicht? Kein Wunder, denn es gibt kaum jemanden, der das Programm nutzt. Die Post macht Fernsehwerbung und Bandenwerbung bei Fußballspielen für ihren tollen, neuen Messenger, aber trotzdem kenne ich keine drei Menschen, die *SIMSme* nutzen. Mal ehrlich, die Post bekommt ja kaum ihre Briefe und Pakete auf die Reihe, möchte man von denen denn einen Messenger haben? Ich nutze ihn nicht, denn da *SIMSme* so gut wie niemand benutzt, ist das Programm einfach nur unnütz. Wem sollte ich denn schreiben, wenn niemand antworten kann?

Dann gibt es ja noch das recht bekannte *Threema*. Das habe ich auch eine Zeit lang benutzt, eine Freundin von mir nutzte diese App, denn sie wollte nichts mit *facebook* und *WhatsApp* zu tun haben. Ich war schockiert, dass ich einen Menschen kenne, der kein *Facebook*-Profil hat. Es gibt immer noch Sachen, die mich schockieren. Sie müssen verstehen, diese Freundin ist in meinem Alter und wie ich mit Handys, Smartphones und dem Internet groß geworden. Sie ist wie ich auch aus dem Osten, was bedeutet, dass wir ja bekanntlich nicht viel hatten, also umso verstörender, dass man so tolle, kostenlose Angebote wie *Facebook* nicht nutzt, obwohl man sich dafür nirgends in einer Schlange anstellen muss. Aber zurück zum Thema.

Am Ende sind alle Messenger gleich: Jeder verspricht Ihnen die absolute Datensicherheit und keiner hält sich daran. Na gut, *WhatsApp* sagte nie, dass die Daten sicher sind und dass *WhatsApp* so etwas Verrücktes wie Datensicherheit auf gar keinen Fall garantieren wollte – und vielleicht macht genau das den Erfolg aus: Sie waren ehrlich! Tja, vor kurzem gab *WhatsApp* bekannt, dass sie ihre Daten nun verschlüsseln. Sie fangen also auch damit an, ihre Kunden zu belügen. Ich wette, dass es mit *WhatsApp* nun auch bald den Bach heruntergeht.

Da in Deutschland inzwischen jeder Dritte auswandert und jeder Zweite wieder zurückkehrt, ist *WhatsApp* praktisch, denn man kann seine Familie und Freunde immer auf dem Laufenden halten und ausführlich darüber berichten, wo und wie sehr es gerade mit einem bergab geht. Man kann sogar schnell mal ein

Selfie schicken, um zu dokumentieren, wie schlecht man gerade aussieht.

Man kann sich über Messenger auch super streiten. Mir passiert das sehr häufig. Bei Gesprächen im echten Leben, also kurz bei AFK* oder längerfristig bei BTRL*, hat man immer einen erkennbaren Tonfall und den passenden Gesichtsausdruck dazu, was beim Messenger ja leider nicht funktioniert. Und da ich ein ironischer Mensch bin, kann man jede Nachricht von mir falsch verstehen. Es ist ja tatsächlich immer eine Frage von Interpretation und Erwartungshaltung, wie man einen Text versteht. Der kleine Satz »Ich liebe dich« kann ja genauso gut ironisch oder verächtlich gemeint sein, aber eben auch ernst gemeint sein. Es liegt also am Nachrichtenempfänger, was er letztlich daraus macht. Jeder versteht das, was er verstehen will, und genau deshalb tun mir verheiratete Männer leid. Denn egal, was sie schreiben, die Frau versteht doch. was sie will. Upps, das sind jetzt wohl $19.000.000.000 in die Macho-Kasse ;)*

 Ratgeber: Messenger-Dienste

1) Behalten Sie den Überblick: Wenn Sie viele Kontakte in Ihrem Messenger haben, die Ihnen ununterbrochen Nachrichten senden, geben Sie Acht, wem Sie gerade antworten. Ein »ja« oder »nein« auf die falsche Frage geantwortet, kann mehr als nur Verwirrung stiften und ein verirrtes »Ich liebe dich« kann Beziehungen beenden, und, zugegeben, möglicherweise neue beginnen.

2) Nutzen Sie die Zeit: Wenn Sie stundenlang mit jemandem per WhatsApp Nachrichten hin- und herschicken, könnten Sie eigentlich auch telefonieren, oder? Wie praktisch, dass man mit WhatsApp auch Sprachnachrichten versenden kann, das spart die Zeit fürs Tippen.

3) Für die neusten, wasserdichten Smartphone-Modelle wird Whats-

App mit dem *Message-in-a-Bottle*-Update den Anforderungen gerecht, auch eine traditionelle Mitteilungsart digital wiederzubeleben: Schreiben Sie die Nachricht und werfen Sie Ihr Smartphone ins Meer. Ganz bestimmt werden Sie eines Tages eine wunderbare, vermutlich romantische Antwort erhalten. Und wenn es nur ein Schreiben der Umweltbehörde ist, die Sie wegen Gewässerverschmutzung angezeigt hat.

Fundstück #10
»Hast Du im Kühlschrank genug Platz für die Tote?«
»Ich weiß ja nicht, wen du umgebracht hast, aber wenn sie kleiner als 1,60 ist, dann sollte sie reinpassen ☺«
»Torte, ich meinte TORTE!!!«

Tippfehler

Es ist inzwischen ganz einfach geworden, mal schnell eine Nachricht zu tippen. Man hat jeden Buchstaben einzeln auf seinem Touchdisplay. Das sah vor der Smartphone-Generation anders aus. Wir hatten auf unserem alten Handy die Zahlen 1–9 und die 0, und wir mussten mehrfach auf die jeweilige Zahl drücken, um den entsprechenden Buchstaben zu erzeugen. Es ging los mit der Taste 2, hinter der sich die Buchstaben A, B, C verbargen, und wenn man das C haben wollte, musste man dreimal auf die Taste 2 drücken. Auf der Taste 3 sind die Buchstaben D, E, F gewesen und hier war es das gleiche Spiel und so ging es immer weiter. Wenn man in einer SMS eine Zahl schreiben wollte, dann musste man noch öfter drücken und von Umlauten will ich gar nicht erst anfangen. Dieses ganze System nennt man t9*. Es dauerte also seine Zeit, eine SMS zu schreiben und Rechtschreibfehler waren auch beinahe ausgeschlossen, schließlich musste man sich endlos Zeit nehmen für den kurzen Text. Für uns war das damals aber auch kein Problem. Im Gegenteil, wir fühlten uns cool, denn wir konnten SMS schreiben, also zumindest immer dann, wenn wir ausreichend Guthaben auf unserer SIM-Karte hatten. Wir mussten für die SMS ja auch noch richtig viel Geld bezahlen. 9 Cent pro SMS war damals ja sehr viel, wenn man anstelle seines Taschengelds eine mit 15 Euro aufgeladene Handykarte pro Monat bekam.

Die einfache SMS für 9 Cent hatte eine Zeichenbeschränkung von 160 Zeichen inklusive Leerzeichen. Die waren recht schnell verbraucht, denn ab dem 161. Zeichen waren weitere 9 Cent fällig, auch wenn das 161. Zeichen nur das Ö von »Tschö« war. Gemein! Also kamen wir auf die Idee mit den Text-Abkürzungen. Was bedeutet diese Abkürzung: DBDDHKPUKKU? Kommen Sie drauf? Es ist doch ganz einfach: *Doof bleibt doof, da helfen keine Pillen und keine kalten Umschläge.* Abkürzungen wie diese gingen einem schnell in Fleisch und Blut über, und ich konnte eine ganze Reihe von ihnen auswendig tippen, ohne aufs Display zu schauen. Das tat ich natürlich trotzdem, denn erstens musste ich ja überprüfen, wie viele Zeichen ich noch zur Verfügung hatte und zweitens, und das war viel problematischer, mussten die Abkürzungen natürlich überprüft werden, denn wenn man auch nur einen Buchstaben falsch eingab, konnte das für Verwirrung vom Feinsten sorgen:

HDL ist bekanntlich *Hab dich lieb.*
HDF hingegen bedeutet *Halt die Fresse.*
Bitte verwechseln Sie das nicht mit *DHL*, denn das ist immer noch ein Paketzulieferer.

Nun stellen Sie sich bitte vor, was passierte, wenn man diese drei Buchstaben verwechselte: Wenn Sie Ihrer Frau oder Ihrem Mann anstelle *HDL* nämlich *HDF* schickten, dann war die Scheidung schneller eingereicht, als dass man eine zweite SMS geschickt hatte, um das Ganze aufzuklären.

Bei den heutigen Smartphones und der automatischen Texterkennung und deren Korrektur, der sogenannten Autokorrektur, besteht nun auch die Gefahr, dass man dank eines Buchstabendrehers oder Tippfehlers ein ganz neues Wort und damit einen Satz mit neuer, meistens komplett unsinniger Bedeutung erfindet. Vermutlich dürfte es daran liegen, da 90 Prozent aller Smartphones in Asien hergestellt werden, dass diese Autokorrektur nur mäßig funktioniert. Ich meine, haben Sie in den letzten Jahren mal eine Bedienungsanleitung eines asiatischen Elektrogeräts gelesen? Dann wissen Sie, was ich meine. Denn es gibt auch Smartphones, die ganz neue Wörter erfinden, und wenn

Sie nicht aufpassen, ergibt der geschriebene Satz keinen Sinn mehr. Richtig lustig wird es schließlich, wenn Ihr Gegenüber am anderen Smartphone dabei auch noch mitspielt:

Denk an Deine Badehoden!

Reichen nicht die Normalen?

Hä? ... Bade*hose*! Ich meine BADEHOSE!

Gut, keiner weiß, was ein Badehoden ist, und man rechnet auch nicht mit so einem Wort.

So ein Tipp- oder Autokorrektur-Fehler kann das ganze Leben verändern. Ich meine damit nicht, dass Sie beim Lotto die falschen Zahlen tippen, nein, ich meine damit, dass Sie auf dem Smartphone etwas Falsches tippen. Es geht ja nicht nur darum, *was* Sie schreiben, sondern auch *an wen*. Gleich zu Anfang, wenn Sie den Adressaten Ihrer Nachricht eingeben, lauert die erste und vielleicht größte Gefahr. Man kann sich ja schnell beim Eintippen des Namens verschreiben, oder das Smartphone ist ganz einfach der Meinung, dass Ihre Nachricht nicht an *Martina*, sondern an *Mutti* gehen soll. Ich möchte wissen, wie Sie diese Nachricht beim nächsten Familienbesuch erklären:

»Hallo Maus, ich liege hier nackt auf dem Bärenfell vorm offenen Kamin und warte mit Sekt auf dich!« Ich würde gern den Blick der Mutter beim Erhalt der Nachricht sehen. Ich würde auch gern Ihren Blick sehen, wenn Sie dann erwartungsvoll vor dem Kamin liegen und Ihre Mutter kommt herein ... Das könnte ein interessantes Familientreffen werden, aber eine derartige Verwechselung ist mir Gott sei Dank noch nicht passiert.

Bitte achten Sie darauf, niemals zwei gleiche Namen im Telefonbuch zu speichern. Und man sollte das schon gar nicht machen, wenn Ihre Freundin und Ihre Chefin den denselben

Namen haben. Das kann sehr peinlich werden. Man schickt Flirtnachrichten an die Freundin, die aber aufgrund der Namensgleichheit bei der Chefin landen. So richtig unangenehm wird es aber erst, wenn man es nicht sofort merkt, weil die Chefin das kleine Verwirrspiel mitspielt. Natürlich, früher oder später fällt es auf, aber was ist, wenn es dann schon zu spät ist? Die Chefin wartet zum verabredeten Zeitpunkt hoffnungsvoll auf ihre neue, große Liebe und man selbst hat keine Ahnung. Und wenn dann noch Ihre Freundin Wind davon bekommt, kann das die aktuelle Beziehung kosten (was jetzt nicht das Drama wäre, denn man hat ja schon die Nächste am Start – zur Not).

Übrigens, derlei Verwechselungen passieren recht häufig unter Einfluss von hochprozentigem Alkohol. Das hat den Nachteil, dass man sich die daraus resultierenden Verwicklungen nicht einmal erklären kann. Dabei verspricht doch ein Fernsehspot passenderweise: »Sei schlau, telefonier blau ...«. Jo, habe ich gemacht und bin jetzt wieder Single. Ich bin ziemlich sicher, dass das eigentlich kein Werbespot für *Parship* war, aber vielleicht stecken die beiden einfach unter einer Decke?

Im Vollrausch Nachrichten zu schreiben, ist ein großer Fehler. Nicht nur, weil die Gefahr besteht, dass man an den falschen Adressaten schreibt, nein, es besteht auch die Gefahr, dass Ihr Gegenüber die Nachricht nicht lesen bzw. verstehen kann. Trotz oder vielleicht gerade wegen der automatischen Texterkennung ergeben viele Sätze, die nächtlich über die Smartphones verschickt werden, keinen Sinn. Schauen Sie doch mal auf der Internetseite »SMS von letzter Nacht« vorbei, da finden Sie großartige Beispiele für dieses Phänomen, beispielsweise:

Auf einer Skala von eins bis zehn, wie brauchbar bist du noch?

Diebn

Serben

Sievn

Mann ey, 2

❗ Ratgeber: Autokorrektur-Pannen

Lesen. Sie. Die. Nachricht. Immer. Noch. Einmal. Genau. Durch. Bevor. Sie. Auf. Senden. Drücken!!!
Oder Sie laufen Gefahr, dass Ihnen so etwas passiert:

Soll ich dich um 17:30 abholen?

Das Kaninchen Dir ca. erst in einer Stunde sagen.

Das Hase aber schön gesagt ☺

oder

Evin, was ist das denn für ein Name?

Du hast eventuell ein K vergessen.

Evink????????

oder

Ich freue mich auf Morden ☺ sage mir dann wofür du dich entschieden hast ...

Axt!

MORGEN

oder

Schatz, hast Du Drogen für mich?

Nein, nicht Drogen.

Drogen.

Jasmin, komm runter und hilf mir, warum ich immer Drogen schreibe ...

Beruhige Dich, Mama. Ich besorge Dir was. Morgen Nachmittag hole ich Dir was.

Jasmin, komm sofort runter!!!

Ich habe aber keine Drogen, Mama ...

So, es reicht, ich komm jetzt rauf.

oder

Wir haben schon gegessen. Hackbraten.

Was gab es denn bei Euch heute Abend?

geschneltezes

Geschneltzes

Gschneltzes

Fleisch mit Reis.

Fundstück #11
Über 2 Millionen Menschen in Deutschland hören Hip-Hop!
Schreib Dich nicht ab:
Lerne gehen und sprechen!

Konzerte und Smartphone

Teile meiner Generation und besonders noch ältere Semester werden sich vielleicht noch daran erinnern, wie es ist, ein Konzert mit den eigenen Augen zu sehen anstatt durch das Display eines Smartphones. Auch ich habe lange probiert, mithilfe meines Smartphones so viele Bilder und Videos von der international berühmten Pop-Ikone da fünfzig Meter vor mir auf der Bühne zu machen, wie es nur geht; aber jetzt mal Butter bei die Fische: Wie oft sieht man sich die Bilder oder Videos danach noch an? Ich habe festgestellt, dass man das im Grunde so gut wie gar nicht mehr tut und die Bilder und Videos spätestens dann löscht, wenn sich das Smartphone meldet und sagt, dass der Speicher bedrohlich voll ist.

Früher wurden bei langsamen Liedern Feuerzeuge hochgehalten, um den Konzertsaal in eine romantische Stimmung zu tauchen, heute sind es Smartphones, die jegliche Form von Stimmung zerstören. Warum tut man das? Ich persönlich lasse mein Smartphone zu 98 Prozent in der Tasche, dann es gibt sowieso tausende anderer Leute, die das gesamte Konzert filmen und Fotos machen, was ich mir dann problemlos einen Tag später im Internet anschauen kann. Das schont meinen Handyspeicher und beschert mir, was noch viel wichtiger ist, ein schönes Konzerterlebnis, das ich mit den eigenen Augen gesehen habe.

Wenn Sie heute Ihren Lieblingskünstler zufällig auf der Straße treffen, fragen Sie ihn vermutlich auch nicht mehr nach einem Autogramm. Nein, ein Selfie muss her! Ich glaube, ich muss hier niemandem mehr erklären, was ein Selfie ist. Für mich ist der Selfie-Wahn eine echte Seuche, denn mir persönlich ist ein Autogramm viel wichtiger als ein Selfie.

Bei dem oben erwähnten Konzert bemerkte natürlich auch die Künstlerin, dass alle versuchten, ein Selfie mit ihr im Hintergrund zu ergattern. Sie erbarmte sich des Drucks der Masse und machte also während der Show Selfies mit den Fans. Sie stand in der Mitte der Halle auf einer runden Bühne und nahm sich zehn Minuten Zeit, bückte sich und drehte sich im Kreis, damit jeder ein Selfie mir ihr machen konnte. Für die Leute in den ersten Reihen vor der Bühne war das bestimmt super, aber ich hatte einen Sitzplatz und saß volle zehn Minuten dumm herum, ehe die Show weiterging. Dafür habe ich die 120,– Euro Eintritt bezahlt, liebe Frau Adele?

Kommen wir zurück zur Gretchenfrage: Macht man dieses Selfie, um seinen Freunden und vor allem sich selbst zu beweisen, dass man wirklich dort war? Ja, ich habe gehört, dass die Erinnerungsfähigkeit in den letzten Jahrzehnten deutlich abgenommen hat, aber seien wir ehrlich, ein Selfie ist auch kein echter Beweis mehr heutzutage. Dank wunderbarer Bildbearbeitungsprogramme wie Photoshop gibt es von mir zum Beispiel Schnappschüsse, auf denen ich mit P!nk eine Party gefeiert habe, oder wie ich mit Jennifer Lawrence im Skiurlaub war oder mit Leonardo DiCaprio seinen ersten Oscar bei ihm zu Hause feierte.

Ich gestehe, dass ich auf das Foto mit Jennifer Lopez und mir im Bett nicht so stolz bin, aber es hat mich so viel Mühe gekostet, das Bild in Photoshop zu bearbeiten, dass ich es nicht löschen möchte. Und finden Sie erst einmal ein Foto, auf dem Frau Lopez zufrieden und glücklich aussieht. Meine Freunde haben mir ohnehin nie geglaubt, dass die Bilder echt waren. Das kann aber auch einfach daran liegen, dass ich kein Genie in der Bildbearbeitung bin ;)

Unterm Strich steht für mich fest, dass ich bei Konzerten mitsinge und mitklatsche, was viele ja nicht machen können, denn mit einem Smartphone in der Hand klatscht es sich bekanntlich schlecht. Ist Ihnen eigentlich einmal aufgefallen, dass in fast jeder Halle in Deutschland Hinweisschilder zu finden sind, auf denen man liest, dass Fotografieren verboten ist? Es hält sich nur keiner daran. Vielmehr wird von den Künstlern quasi verlangt, dass sie immer und überall für Selfies zur Verfügung stehen. Ich las kürzlich von Justin Bieber, dass er nie wieder Selfies mit Fans macht, weil er nicht mehr drum gebeten wird, sondern die Menschheit *voraussetzt*, dass er für die Selbstbildnisse zur Verfügung steht, schließlich haben die Leute ja auch seine CDs gekauft. Wenn ein Künstler dann einmal Nein sagt, zählt er als unfreundlich, arrogant und vor allem abgehoben. Wenn ich so darüber nachdenke, kann ich beide Seiten gut verstehen, aber ich respektiere auf jeden Fall den Wunsch des Künstlers, selbst, wenn der Künstler Justin Bieber heißt.

Ich war letztens auf einem anderen Konzert, diesmal spielte Ed Sheeran. Ich finde ihn als Musiker super, aber was sich in der Sitzreihe vor mir abspielte, hat mich maßlos schockiert. Dort saßen sechs Personen, die offensichtlich nicht alle zusammengehörten. Ganz außen saßen Mutter und Tochter, die die ganze Zeit zu der Musik tanzten und nicht ein einziges Mal auf ihr Smartphone geschaut haben. Respekt, das lobe ich mir. Daneben saßen zwei Mädels, die vielleicht Mitte 20 waren, und was haben die gemacht? Richtig: Die beiden haben die ganze Zeit Selfies gemacht. Die haben nicht einmal zur Bühne geschaut. Warum zur Hölle zahle ich viel Geld, um dann Fotos von mir zu machen? Ich habe es nicht verstanden. Auf den nächsten beiden Plätzen saßen ein Herr und eine Dame im Rentenalter, die sich offenbar nicht kannten – zumindest haben sie nicht ein Wort miteinander gewechselt, was aber auch kein Kunststück war, denn beide haben unabhängig voneinander das komplette Konzert mit dem Smartphone gefilmt. Jede einzelne Sekunde. Sie haben nicht einmal das Handy heruntergenommen. Ich frage mich jetzt, ob auch diese Generation damit anfangen muss, Konzertvideos bei YouTube hochzuladen, vielleicht, um ihre Rente aufzubessern?

Heutzutage werden übrigens ohnehin alle großen Konzerte im Auftrag der Plattenfirma gefilmt, die dann nach der Tournee eine DVD oder Blue-ray Disc herausbringt, auf der man sich hochprofessionell und in HD* oder 4K* das Erlebnis noch einmal nach Hause holen kann. Und auch wenn ich viele Leute jetzt erschrecke, aber jede Show ist gleich, jede Minute auf der Bühne ist akribisch geplant, also bekommt man auf der DVD das absolut vergleichbare Erlebnis geboten, wie das, was man selbst erlebt hat. Und ich bleibe dabei, ich will die Show genießen, für die ich häufig viel Geld bezahlt habe, und mich nicht über volle Speicherkarten, Zoomprobleme und Unschärfe, störende Lichtreflexe und die hochgehaltenen Smartphones, die ich als Einziges durch mein Smartphone-Display sehe, ärgern. Die Video- und Fotofunktion der Smartphones kann man doch viel sinnvoller nutzen.

 ### Ratgeber: Das Smartphone beim Live-Konzert

1) Lassen Sie sich von allgegenwärtigen Verbotsschildern nicht abschrecken. Zwanzigtausend andere tun schließlich dasselbe wie Sie und man kann keinesfalls alle rauswerfen!

2) Fotografieren Sie die Bühne oder sich selbst beim Selfie immer mit eingeschaltetem Blitz. In einer Konzerthalle ist es schließlich ziemlich dunkel und nur so können Sie sicherstellen, dass außer dem Hinterkopf des Vordermanns (beim Fotografieren der Bühne) oder Ihrem Gesichtsausschnitt (beim Selfie) später wirklich nichts anderes auf dem Bild zu sehen sein wird.

3) Wenn Sie ein Video aufnehmen, bitten Sie die umgebenden Konzertbesucher, das aufzuzeichnende Lied laut mitzusingen. So können Sie dann später den Bewunderern erklären, dass die grausame Tonqualität des Videos nicht am Billigmikrophon Ihres Smartphones liegt, sondern ausschließlich an der »Katzenmusik«, die das Publikum verursacht hat. Und Sie konnten ja schließlich nicht alle rauswerfen.

Fundstück #12
Diese Frauen, die mit nassen Haaren aus der Dusche steigen und sexy aussehen, ne? Wie machen die das?! Ich sehe immer aus wie ein Otter.

Trends bei Fotos

Soziale Netzwerke sind ein tolles Versuchslabor für neue Trends, vor allem Fototrends. Das Schlimme daran ist, dass scheinbar jeder Zweite diese Trends mitmacht, aber noch schlimmer finde ich, dass diese Trends von Jahr zu Jahr bekloppter werden. Selbst die Fernsehsender springen darauf an und berichten lechzend über jeden noch so absurden Fototrend aus der wunderbaren Welt der Smartphones.

Dass die Jugend bei neuen Trends sofort mit an Bord ist, kann ich verstehen, aber wenn ich eine ältere Dame mit Selfiestick herumfuchteln sehe, fange ich an, an der Menschheit zu zweifeln. In solchen Momenten glaube ich wirklich, dass die besser in den Höhlen geblieben wären, als sich mit dem Selfiestick bewaffnet den Weg zum nächsten Selbst-Schnappschuss freizuprügeln.

Nachfolgend eine Übersicht über ein paar der merkwürdigsten Auswüchse des Selbstporträtwahns:

(A) Selfies

Alles begann mit der Erfindung der zweiten Kameralinse auf der Vorderseite des Smartphones. Eigentlich ist diese zweite Linse ja dafür gedacht, um Videoanrufe zu tätigen, damit sich die Gesprächspartner jeweils auf ihrem Handydisplay sehen können. Das kann ganz sinnvoll sein, wenn man zum Beispiel seinen verflossenen Lover anruft und mit den Worten »Schau mal, das ist Kevin-Kunibert, *Dein Sohn*!« das kleine Balg an den Haaren ins Sichtfeld der Kamera hochzieht, um zu dokumentieren, dass demnächst wohl Alimente fällig werden. Aber irgendwie ist dieser überaus praktische Nutzen schon recht früh nach der Einführung verloren gegangen, denn die spielfreudige Smartphone-Gemeinschaft fand rasch heraus, dass man nicht nur Videoanrufe, sondern auch Fotos mit der Frontkamera machen kann. Fotos von sich selbst. Selfies. Das war der Urknall des Trends. Okay, Selbstbildnisse gibt es schon seit Hunderten, wenn nicht Tausenden von Jahren, immer wieder stößt man auf Selbstporträts in der Geschichte der bildenden Kunst, manche Maler schnitten sich sogar ein Ohr ab, nur um ein richtig cooles Selfie zu bekommen. Aber das Malen eines Selbstbildnisses war natürlich mit einigem Aufwand und auch einem Minimum an künstlerischem Geschick verbunden, der heute kaum noch tragbar erscheint. In der Geschichte der Fotografie kam dann die erste Revolution mit der Funktion des Selbstauslösers an der Kamera. Aber auch der Selbstauslöser war und ist bis heute bei den meisten Fotoapparaten immer noch so kompliziert zu bedienen, dass es im Grunde nur Sinn machte, diesen Aufwand zu betreiben, wenn man möglichst viele Leute vor der Linse versammelte. Und so finden wir in Fotoalben (denen aus Papier, die so ein bisschen aussehen wie Bücher, nicht die Sammlungen auf Facebook oder Instagram) heute noch Dokumente für diese technische Entwicklung in Form von Fotos, auf denen wahlweise Menschen aus der Kameraperspektive ins Bild rennen, weil sie die Auslöse-Zeiteinstellung zu kurz gewählt haben, oder auf denen die Gruppe gemeinschaftlich gelangweilt gähnt, weil die Einstellung für den Selbstauslösemechanismus auf vollen fünf Minuten stand. Gut, das alles ist Schnee von gestern, dem Smartphone sei Dank! Heute brauchen wir keine komplizierten Einstellungen, niemand rennt mehr ins Bild, wir können direkt auf dem Smartphone-Display sehen, was wir sogleich fotografieren werden. Und weil es überhaupt keine Mühe macht, fotografieren wir uns einfach selbst.

Dass besonders junge Leute aber seither einen Achtstundentag locker damit füllen können, sich selbst abzulichten, hatte niemand erwartet. Denn es ist beileibe nicht so, dass man *ein* Foto macht und das dann ins Internet lädt, nein es werden geschätzte 245.872.512 Fotos gemacht, um dann *vielleicht* eines davon auszuwählen und ins Internet zu stellen oder um es Freunden zu schicken. Überlegen Sie bitte einmal: Wann wurden Sie zum letzten Mal gebeten, von jemandem ein Foto zu machen? Richtig, es ist ewig her, weil heute jeder mit seiner Frontkamera ein Foto von sich selbst machen kann. Dazu passt die Erfindung des Selfiesticks, eines Teleskopstabs, an dem man sein Smartphone befestigen kann, damit man seine Selbstporträts aus größerer Entfernung machen kann, wenn man zum Beispiel sein Naseninneres nicht dauernd in aller Deutlichkeit auf den Fotos sehen will, sondern vielleicht noch etwas von der Umgebung um einen selbst mit ablichten möchte. Wer immer das Patent für den Selfiestick hält, dürfte über Nacht Millionär geworden sein, diese Dinger sieht man ja immer und überall.

Ab wann ist ein Selfie eigentlich ein Selfie? Wer entscheidet das? Ist ein Selfie nur dann ein Selfie, wenn ein Mensch darauf zu sehen ist? Die Frage ist nicht unberechtigt, denn nicht nur der Mensch fährt auf Selfies ab, sondern auch die Tierwelt hat die Selbstporträts für sich entdeckt. Zwar gibt es noch kein Twitter, Facebook oder Instagram für Tiere, denn das Hochladen der gemachten Aufnahmen erledigt immer noch der Mensch, aber hält man zum Beispiel Affen ein Smartphone hin, auf dem sie sich im Frontkameramodus selbst sehen können, fangen sie wie verrückt an, auf dem Display herumzudrücken, bis die absurdesten Selfies entstehen. Moment mal, woran erinnert mich das jetzt ...? Gut, halten wir an dieser Stelle als Erkenntnis fest, dass Tiere wohl nie die Welt übernehmen können, solange sie nicht mit dem Internet klarkommen, aber den Trick mit den Selfies haben sie verstanden.

(B) Entengesichts-Fotos

Auch innerhalb der bunten Selfie-Welt gibt es eigene Trends, also einen Trend im Trend. Einer davon ist zum Beispiel, sich auf Bahnschienen zu stellen und erst dann den Auslöser zu drücken, wenn der von hinten kommende Zug richtig, richtig nahe ist. Ein paar arme Seelen, die diesem Trend gefolgt sind, haben wohl etwas zu lange gewartet: In den Medien konnte man lesen, dass einige von ihnen wohl keinem neuen Trend mehr folgen können, weil sie vom Zug erfasst wurden. Muss man einen Trend eigentlich auch dann mitmachen, wenn die Gefahr besteht, dabei draufzugehen? Ja vielleicht ist es meine mangelnde Coolness, dass ich solche Spinnereien nicht mitmache, aber ich bin eben einfach nicht lebensmüde.

Ein anderer, weitaus ungefährlicherer Trend im Trend, der sich schon erstaunlich lange hält, ist das *Duckface*. Das Duckface ist der ultimative Gesichtsausdruck auf dem Selfie! Heißt es eigentlich *der* Duckface oder *das* Duckface? Nein, es ist ein englisches Wort, also heißt es *the* Duckface! Das behaupte ich jetzt einfach mal, es sei denn, Duckface ist inzwischen ein eingedeutschtes Wort. Andererseits schreibe ich dieses Buch auf Deutsch, also benennen wir es auch deutsch: das Entengesicht! Obwohl wirklich viele Menschen recht gut Englisch sprechen, machen sie sich doch oft keine Gedanken über die korrekte Übersetzung und von daher kommt es ihnen auch nicht in den Sinn, dass *Duckface* Entengesicht heißt. Obwohl es sich eigentlich von selbst erschließt, wenn man kurz darüber nachdenkt, wie es geht.

Ein Entengesichtsfoto funktioniert so: Man spitzt die Lippen wie einen Entenschnabel, schaut wie eine Ente und drückt dann auf den Auslöser. Die Profis wissen, dass es wie beim perfekten Selfie nicht etwa nur um ein Foto geht, sondern man drückt gut 400 Mal auf den Auslöser, um das perfekte Bild, oh Entschuldigung, es heißt ja *Entengesichtsfoto*, zu bekommen. Wer jetzt denkt, er sucht sich das perfekte Foto aus und lädt es ins Internet, der liegt falsch. Von den 400 Fotos kommen maximal sieben infrage, die man hochladen *könnte*, aber es gibt ja zum Glück Fotobearbeitungs-Apps. Mit diesen Apps kann man zum Beispiel die allgemeinen Farben des Fotos verändern, dem Bild einen Rotstich, einen Blaustich oder Grünstich verleihen, man kann das Bild schärfer oder unschärfer machen (beides kann – je nachdem – von Vorteil sein), man kann es heller oder dunkler machen, in einen runden oder eckigen Rahmen speichern und so weiter. Also wird als Nächstes jedes der sieben übrig gebliebenen Fotos bearbeitet, bis es nach Meinung des Bearbeiters super aussieht. Super allein reicht hierbei aber nicht, um es im Internet zu veröffentlichen. Es muss perfekt sein, und da es auch trotz oder gerade wegen der Fotobearbeitungs-Apps nicht perfekt wird, landen Minimum sechs der sieben Bilder im Mülleimer. Ich bin heilfroh, dass ich mir nicht alle diese Fotos ansehen muss.

(C) Blankett

Kennen Sie nicht? Man legt sich steif wie ein Brett auf irgendetwas drauf und lässt sich dann fotografieren. Man darf sich aber nicht einfach aufs Sofa oder auf den Boden legen, nein, es muss spektakulär sein. Je aufregender, desto besser. Es liegen Menschen auf Motorhauben eines Autos während der Fahrt, auf der Autobahn versteht sich, denn sonst ist das ja nicht spektakulär. Nun, Sie sagen, das ist vielleicht nicht besonders spektakulär, weil das Stuntmen in irgendwelchen mittelklassigen Action-Serien ja andauernd machen, aber die Dame auf diesem Foto, das übrigens einmal komplett um die Welt ging, war gut und gerne 70 Jahre alt. Bei 14-jährigen, pubertierenden Teenagern kann man ja noch sagen, dass sie keinen Verstand haben, aber bei einer 70-jährigen, vermeintlich altersweisen Frau? Was lief denn bei dieser Dame bitte falsch im Leben? Eigentlich heißt es doch, die Jugend hat nur Mist im Kopf, aber diese Dame ist extrem bitchy.

Ich dachte zunächst, ich sei möglicherweise einfach schon zu alt, um derlei Irrsinn zu verstehen, geschweige denn, um diesen Mist mitzumachen, aber nachdem ich das Foto der alten Dame gesehen habe, weiß ich, dass ich einfach zu normal bin, um mich auf so einen gefährlichen Blödsinn einzulassen – auch wenn der Großteil meiner Freunde was anderes behauptet. Aber dabei sind sie es, die ebenso diesen seltsamen Fototrends hinterherlaufen und jeden Quatsch mitmachen. Und frage ich dann diese sogenannten Freunde, warum sie sich solchen Gefahren aussetzen, um ein digitales Bildchen zu ergattern, das maximal eine Woche nach Veröffentlichung schon im Facebook-Nirwana verschwindet, bekomme ich die vielsagende Antwort: »Weil es cool ist!« Tja, so unterschiedlich können die Einstellungen sein, denn für mich ist es cool, auf den Malediven zu leben. Ich fände es auch cool, Millionär zu sein und eine riesige Ranch in Phoenix, Arizona zu besitzen. Irgendwie warte ich ja noch immer darauf, dass meine Mutter irgendwann gesteht: »Hey, wir haben dich nur verarscht, wir sind in Wirklichkeit steinreich und wollten halt nur, dass du so normal wie möglich aufwächst und lernst, mit Geld umzugehen.« Aber ich denke, dass ich auf diese Offenbarung vermutlich genauso lange warten werde wie auf eine nachvollziehbare Erklärung, welchen Sinn diese Blankett-Selfies denn nun letztlich haben. Das einzig Gute an Trends ist ja, dass sie gottlob meist sehr schnell wieder vorüber sind. So war oder besser gesagt ist es auch bei Blankett. Denn bevor ich mir überhaupt etwas überlegen konnte, das für mich spektakulär gewesen wäre, war der Trend schon wieder vorbei.

(D) Foodporn

Foodporn ist wohl der beklopteste Trend, den es je gab. Man denkt bei sich, es kann nicht schlimmer kommen, und dann kommt *Foodporn*. Sie wissen nicht, was das ist? Es ist noch einfacher als Selfies. Man fotografiert sein Essen und lädt es (das

Foto) ins soziale Netzwerk hoch. Ganz wichtig hierbei ist, das Essen *vor* dem Verzehr zu fotografieren. Ich möchte nicht schwarzmalen, aber ich fürchte, wir stehen nur einen Upload vor dem nächsten Trend, nämlich das Essen *nach* dem Verzehr zu fotografieren. Keine schöne Vorstellung, deshalb rasch zurück zum Thema: Was hat die Menschheit davon, wenn sie ihr Essen fotografiert und die Bilder ins Internet stellt? Wundern Sie sich eigentlich noch, warum so viele Flüchtlinge unbedingt zu uns kommen wollen? Ihnen ist schon klar, dass es in den meisten Krisengebieten trotz allem Internetzugang gibt? Und dass man dort auch genau diese Fotos von großartig zubereiteten Speisen mit allem Drum und Dran in Hülle und Fülle sehen kann? Ich sage: Kein Wunder!

Foodporn ist auch aus anderen Gründen nichts für mich, denn bisher sahen meine Pizzen vom Lieferdienst immer gleich aus und ich kann ja schließlich nicht jeden Tag dasselbe Foto posten, oder? Trends wie Foodporn werden ja erst dann zum Trend, wenn Prominente auf den Zug aufspringen. Stellt sich die Frage: Was posten eigentlich Models, die diesen Trend mitmachen? Ein Tic-Tac? Jeden Tag eine andere Sorte? Oder trauen die sich, doch ein verbotenes Salatblatt zu posten? Die müssen danach ja Angst haben, nie wieder einen Job zu bekommen. Es soll ja auch Models geben, die normales Essen auf vollen Tellern fotografieren, nur glaubt wirklich keiner, dass sie das auch wirklich essen. Wenn Heidi Klum sich vor einem vollen Kühlschrank fotografieren lässt, heißt das ja noch lange nicht, dass sie den gesamten Inhalt des Kühlschranks auch wirklich isst. Sie ist zwar nur ein Beispiel von vielen, aber hat sie mal jemand wirklich etwas essen sehen? Heidi oder ein anderes Model? Trotzdem sind es ausgerechnet Models, die beim Foodporn mitmachen. Also wenn es danach geht, lebe ich ja auch wie ein Model und man sieht, dass es grad mal so gar nicht klappt.

Gut, ich kann verstehen, wenn Leute mit viel Mühe und Leidenschaft tolle Gerichte kochen und davon appetitliche Fotos posten, um sich von der Welt würdigen zu lassen, aber warum zur Hölle postet man seinen vollen Teller aus dem Restaurant? Vielmehr: Warum befindet sich dieses Restaurant, in dem es offenbar dieses lecker aussehende Schnitzel gibt, garantiert immer da, wo ich garantiert nicht bin? Ich musste aufgrund dieser Bilder im Internet so oft meine Planung für mein Abendessen ändern, und ich bin mehrmals am Tag einkaufen gegangen, weil Freunde immer was gepostet haben, was noch leckerer aussah und was ich dann natürlich auch essen wollte.

(E) Genitalfie-Synchronisation

Weil dieses Buch auf keinen Fall ein Psychologie-Ratgeber ist, will ich das *Wie, Warum* und *Wofür* hier überhaupt nicht diskutieren, das muss wirklich jeder mit sich selbst ausmachen (sowieso), aber wer seinen Genitalbereich partout ablichten will, sollte sich am besten schon vorher darüber Gedanken machen, was mit diesen Bildern geschehen soll. Denn unsere smarten Begleiter sind leider nicht so clever, dass sie Fotos nur für den Privatgebrauch von denjenigen Bildern unterscheiden können, die für die Öffentlichkeit bestimmt sind. Deshalb hier eine wichtige Warnung: Bevor Sie im Großraumbüro sitzend Ihr Smartphone, vornehmlich eines mit Fallobst-Symbol, mithilfe des Firmencomputers, vornehmlich ein Macintosh-Gerät, aufladen wollen und dafür wie selbstverständlich den USB-Anschluss des Computers nutzen, halten Sie kurz inne und überlegen, welche Bilder Sie zuletzt mit dem Smartphone geschossen haben! Denn sobald die Verbindung hergestellt ist, hat Ihr Computer nichts Wichtigeres mehr zu tun, als die zuletzt gemachten Fotos von Ihrem Smartphone auf den Computer zu importieren, und das wiederum tut er, indem er Bild für Bild großformatig auf Ihrem Bildschirm anzeigt. Das sorgt für Stimmung im Großraumbüro.

Ratgeber: Fotos mit Smartphone

1) Für Einsteiger: Fotografieren Sie alles, was nicht bei »drei« auf dem Baum ist. Wenn Sie es irgendwann schaffen sollten, auch das zu fotografieren, was bereits auf dem Baum ist, sind Sie im Lager der Profis angekommen.

2) Für Profis: Fotografieren Sie alles und jeden und denken Sie dabei ruhig auch mal an sich selbst. Machen Sie sich keine Sorgen über verplemperten Speicherplatz oder den schwer erkennbaren Nutzen der Millionen von Wackelbildern, die auf diese Weise entstehen. Im Zeitalter der Cloud ist alles erlaubt und fleißige, unermüdliche, asiatische Helferlein durchforsten täglich Ihre dort abgelegten Ergebnisse auf Tauglichkeit für Urheberrechtsverletzungen aller Art; so ist doch allen geholfen.

3) Für Aussteiger: Wenn Sie Selfie-süchtig sind, gibt's nur eins: Gehen Sie zu einem realen, echten, lebendigen Fotografen und lassen ein Foto von sich machen. Je nach Können des Kameramanns (Fotografen, Lichtbildners) werden Sie erstaunt sein, wie gut professionelle Fotos aussehen, die Tiefenschärfe, klare Farben und einen ausgewogenen Hintergrund haben. Und dann kaufen Sie im Asia-Shop Weitwinkel- und Fischaugen-Objektive für Ihre Smartphone-Kamera, um den sogenannten Profis von Punkt 2) mal zu demonstrieren, wo der Hammer wirklich hängt.

Fundstück #13
»Aber Großmutter, wieso hast du denn so große Augen?«
»Geil, ne? Hab da so 'n Make-up-Tutorial von
YouTube nachgeschminkt.«

YouTube

Für alle, die es nicht kennen: YouTube ist eine Videoplattform, auf die man selbstgedrehte Videos hochladen kann. Okay, wer YouTube nicht kennt, wird auch kein Smartphone, geschweige denn einen Internetanschluss haben. Der wird vermutlich nicht mal dieses Buch lesen, weil er eh nicht weiß, was ich ihm damit sagen will.

YouTube ist das Forum im Internet, in dem Dummheit ungebremst auf Eitelkeit trifft. Ich will nicht sagen, dass jeder, der bei YouTube unterwegs ist oder gar selbst Videos hochlädt, dumm ist, aber es gibt eine große Anzahl von Nutzern, bei denen ich mich frage, wo sie ihr Gehirn gelassen haben. Diese Nutzer halte ich für klickgeil*, denn sie machen etwas Dummes, etwas, das sicher schiefgeht, filmen sich dabei und stellen es dann für alle Welt sichtbar bei YouTube ein. Klar, es gibt manche Menschen, die auf genau diese Weise reich geworden sind. Die Kids von heute fahren ja richtig ab auf diese sogenannten »YouTube-Stars«. Es gibt sogar ein Wort dafür: Influencer. Hat angeblich aber nichts mit Influenza zu tun. Ich amüsiere mich auch mitunter prächtig beim Schauen so mancher Videos. Meine persönlichen Favoriten sind Parodien von bekannten Songs. Auch solche Filmchen gibt es bei YouTube – wie alles – millionenfach, aber ich habe zwei YouTube-Kanäle aus Amerika abonniert, die mit ihren Parodien sehr erfolgreich sind und genau meinen Geschmack treffen. Der Vollständigkeit halber sei erwähnt, dass es auch deutschsprachige Kanäle mit einem solchen Angebot gibt, die das gar nicht so schlecht machen. Die Jungfilmer gehen mit ihren Parodien sogar auf Tournee, und die Teenies warten stundenlang vor der Halle, um in der ersten Reihe zu stehen. Sicher warten sie nicht so lange wie auf das neue Smartphone, dafür stellen sich manche ja schon Wochen vor dem Tag der Erstausgabe an.

Tatsächlich kann man ja mit YouTube reich werden: Man muss das richtige Thema treffen, die richtige Ausstrahlung und ganz viel Glück haben. Mir kommt es so vor, als hätte es inzwischen auch fast jeder versucht. Und die dümmsten Storys werden dabei erfolgreich. Wer kommt auf die Idee, eine Kochshow auf YouTube zu machen? Richtig: Unendlich viele filmen sich dabei, wie sie eine Fünf-Minuten-Terrine aufgießen und als besonderen Clou ein Blatt frische Petersilie mit hineinrühren, aber wer kommt auf die Idee, einen Koch-Kanal zu erfinden, bei dem die Herausforderung darin liegt, mit winzig kleinen Kochutensilien zu hantieren, die man kaum normal anfassen kann? Solche kreativen Ausreißer sind es, die das Zeug zum YouTube-Hype haben. Übrigens, ist etwas wirklich erfolgreich, wird es von jedem kopiert bis zum Erbrechen.

Ich habe vor kurzem die *FailArmy* für mich entdeckt. Einige Beispiele in diesem Buch stammen übrigens aus genau diesem Kanal. Das Erfolgsrezept ist denkbar einfach: Die *FailArmy* sucht und sammelt Videos auf YouTube von allen peinlichen Dummheiten, die von den Usern gepostet werden, schneidet diese in praktischen Portionen zusammen und lädt diese Sammlungen wiederum hoch. Der Kanal zählt über zehn Millionen Abonnenten, also bin ich offenbar nicht der Einzige, der Spaß an der Eselei anderer Leute hat. Und von diesen Dummheiten werden tagtäglich so viele auf YouTube geladen, dass die *FailArmy* inzwischen einmal pro Woche ein fünfminütiges »Best-of-the-Week«-Video hochlädt. Es gibt unendlich viele dieser Videos, bei denen ich mich frage: »Warum? Warum tut jemand so etwas?« Ein Beispiel gefällig? Ein junger Mann, vielleicht Anfang 20, steht allein in seinem Fitnessraum und präsentiert stolz seine Hantelbank. So weit, so gut. Dann zieht er sein Shirt aus und posiert vor der Kamera, damit alle seinen tollen Body und seine Muskeln bewundern können. Aha. Schließlich geht er in Richtung Hantelbank und legt sich darunter. Er greift zu der Hantel, um sie zu stemmen und ... es kommt, wie es kommen muss. Er bricht unter der Hantelbank zusammen. Nun stellen sich mir ein paar Fragen. Hatte er das vorher noch nie gemacht? Warum filmt er das? Aber ganz besonders wichtig ist die Frage: *Warum bitte stellt man solch eine Dummheit ins Internet?* Ist das noch Klickgeilheit oder einfach nur echte Dummheit? Ich lache bei solchen Videos ja wirklich gern, aber findet der Mann, dem es passiert ist, das eigentlich auch lustig? Vielleicht tröstet er sich ja damit, dass er nicht der Einzige ist, dem solche Unfälle passieren. Videos von diesen und noch ganz anderen, absurden Situationen findet man bei YouTube in Hülle und Fülle. Und wem haben wir das letztlich zu verdanken? Auf keinen Fall den Kamerateams der »Versteckten Kamera«, sondern unserem Jederzeit-überallhin-Begleiter, dem Smartphone. Dank seiner Vielseitigkeit haben wir immer eine Videokamera dabei, die die größten Tollpatschigkeiten problemlos für die Ewigkeit festhält und diese gleich noch mit dem Rest der Welt teilen kann, ob die Welt nun will oder nicht. Und in großer Dankbarkeit verneigt sich die Welt vor den Smartphone-Filmern und vergibt seit einigen Jahren Preise für deren gelungene Arbeiten. Einmal jährlich findet diese Preisverleihung in Düsseldorf statt in den Kategorien »Das lustigste Video«, »Person des Jahres«, »aufwändigster Dreh« und so weiter.

Genauso wie bei den Fotos und Selfies gibt es natürlich auch bei den Videos wechselnde Trends. Und genauso werden diese Trends auch wieder von Millionen Menschen mit- und nachgemacht. Es ist wie bei den Selfies, umso bekloppter der Trend, umso mehr Menschen machen mit. Einer dieser Trends, an den ich mich noch sehr gut erinnere, war, auf hohe Gebäude zu klettern und dort oben dann einen Handstand oder etwas ähnlich Waghalsiges zu machen und sich dabei zu filmen oder filmen zu lassen. Ganz klar, das war natürlich nur dann cool, wenn das Ganze ohne Sicherung geschah, und wir reden hier nicht vom Nachbarbalkon, sondern eher von Gebäuden wie dem Empire

State Building – und nein, hier sprechen wir dann nicht banal von der Aussichtsplattform, auf der das Video gedreht wird, sondern in jedem Fall von schwer zugänglichen Stellen, die zumeist mit Schildern mit der Aufschrift »Betreten verboten« abgeriegelt waren. Besonders beliebt bei diesem Trend waren Hochhäuser, die sich noch im Bau befunden haben. Man kletterte dort auf das Gerüst bis ganz nach oben, machte dann dort seinen Handstand und filmte sich dabei. Mir wird allein beim Zuschauen schon schlecht. Hatte dieser Trend einen Namen? Möglicherweise HHHS (Hoch-Haus-Hand-Stand)? Und welcher Prominente hatte ihn als Erster mitgemacht? Heidi Klum? So dünn wie die Models sind, wären die so hoch oben doch sicher weggeflogen, oder? Nun, falls Sie zufällig ein Beweisvideo von Heidi hoch oben auf dem Turm haben, schicken Sie es mir doch bitte zu. Vielleicht sollte ich auch bei der *FailArmy* darauf achten, ob sie mit von der Partie ist. Zuzutrauen wäre es ihr ja.

Filmen von Unfällen

Seitdem ich in Nordrhein-Westfalen wohne, weiß ich, was *Stau* bedeutet. Hierzulande steht man ja mehr mit seinem Auto herum, als dass man damit fährt. Man wäre vermutlich schneller unterwegs, wenn man sein Auto einfach auf der Autobahn stehen ließe und zu Fuß ginge. Meistens entstehen Staus wegen Baustellen, Unfällen oder den Unfällen auf der Gegenseite. Ja genau, die Unfälle auf der Gegenfahrbahn sind die schlimmsten, denn es ist längst ein Volkssport geworden zu *gaffen*, und seit es Smartphones gibt, gibt es die Königskategorie, einen Unfall zu filmen. Sie haben richtig verstanden, wenn Sie einen Unfall auf der eigenen oder auf der Gegenseite entdecken, heißt es: Erst mal voll abbremsen, um Zeit zu gewinnen, sein Smartphone suchen, aktivieren und dann die Kamera raufhalten und den Blechschaden aus allen möglichen Perspektiven festhalten, nicht ohne den Vordermann anzublöken, dass er mal aus dem Bild soll.

Ich bekenne: Gaffer machen mich ratlos, und Gaffer mit Smartphone tierisch wütend. Geht's noch? Und ich hätte an Ort und Stelle gleich 2.386 Fragen, zum Beispiel: Warum muss man sich beim Unglück anderer Leute einen runterholen? Und was macht man mit den Videos? Werden die in einem speziellen Darkroom gehandelt? Kann ich diese Videos auch machen, obwohl ich ein Gehirn habe …?

Ist den ambitionierten Jungfilmern eigentlich mal in den Sinn gekommen, dass man da selbst liegen könnte, eingeklemmt zwischen einem Lkw und einem Reisebus – und dass dann irgendein Vollpfosten ein Video macht und es bei YouTube hochlädt? Bestimmt eine tolle Erinnerung für Freunde und Verwandte, Kinder und Enkel: *Guck mal, hier auf dem Video sieht man Papa, kurz bevor er gestorben ist …*

Erinnern Sie sich noch an die »Ice Bucket Challenge«, oder zu Deutsch »Eiskübel-Herausforderung«? Die große Herausforderung ging so: Man übergießt sich mit eiskaltem Wasser, in dem bestenfalls noch unzählige Eiswürfel herumschwimmen, lässt sich dabei filmen und stellt das Ergebnis schließlich ins Internet. Grundsätzlich würde ich sagen: »Schön blöd«, aber hey, der eigentliche Anlass war, diese Videos als eine Art Kettenbrief für einen guten Zweck weltweit zu verbreiten, um auf die seltene Krankheit ALS aufmerksam zu machen. Die Grundidee war nämlich, dass jeder etwas an die amerikanische Organisation ALSA (*ALS Association*) spenden musste, der nominiert wurde. Und irgendwer konnte irgendwen nominieren, ob man den Menschen nun kannte oder nicht. Wer nominiert wurde, hatte die Wahl: Die Eiskübel-Herausforderung annehmen, sich eiskalt filmen lassen und 10 Dollar spenden oder die Herausforderung ablehnen und 100 Dollar spenden. Wer sich mit Eiswasser übergossen hatte, durfte dann fünf weitere Spender in seinem Video nominieren und so setzte sich die Kette dann fort. Eigentlich eine schöne Idee für eine gute und wichtige Sache, ein absolut lobenswerter Einsatz der sozialen Medien. Doch betrachtet man die Sache näher, bemerkt man erste Ungereimtheiten. Einerseits konnten Menschen nominiert werden, die aus welchen Gründen auch immer nicht spenden wollten oder konnten, um dann vor aller Welt als Loser dargestellt zu werden, andererseits verbreitete sich nicht zuletzt dank der Privatsender die Challenge so derartig schnell, dass der eigentliche Zweck zumindest in unseren Gefilden ganz schnell in Vergessenheit geriet und vielmehr ein Wettlauf entfachte, wer sich die verrückteste, mutigste oder wieder einmal beklopteste Variante der Herausforderung ausdachte. Und wieder einmal wurden alle Warnungen in den Wind geschlagen zugunsten der Chance, mit seiner verrücktesten Variante der Ice Bucket Challenge die meisten Klicks zu bekommen oder es sogar bis in die Hauptnachrichten auf RTL 2 zu schaffen. So kam es, wie es kommen musste: Wie viel Geld die ALSA dank der Ice Bucket Challenge eingenommen hat, habe ich natürlich nicht in den Nachrichten gehört, sondern musste im Internet recherchieren. Wer es jedoch letztlich im Zusammenhang mit der Challenge in die Nachrichten gebracht hat, ist der 34-jährige Familienvater, der alles Dagewesene übertrumpfen wollte und anstelle eines Eiswasser-Eimers oder -Fasses eine ganze Baggerschaufel voller Wasser über sich auskippen lassen wollte. Leider ist aber nicht das Wasser ausgekippt worden, sondern vielmehr der ganze Bagger umgekippt und hat den Mann erschlagen. So schnell kann aus Spaß Ernst werden.

Fundstück #14
Vom ADHS-Kind zum YouTube-Star.

Unsere neuen »STARS«

Ja, was soll man noch über unsere neuen »Stars« sagen? Falls Sie nicht wissen, was ich meine: Ich spreche von den neuen Internetsternchen, die durch YouTube oder Instagram quasi aus dem Nichts auftauchen und dann die Erziehung Ihrer Kinder übernehmen. Das sind die neuen Vorbilder, die vermutlich auch schon die Zimmerwände Ihrer Kinder schmücken, Poster mit merkwürdigen Typen darauf, die noch viel merkwürdigere Namen haben.

In meiner Jugend hatte ich natürlich auch Poster an der Wand, aber darauf waren Stars zu sehen, richtige Stars nämlich, also Menschen, die tatsächlich etwas besonders gut konnten. Es waren Bands, Musiker, Sänger, Sportler oder Schauspieler. Aber worin besteht das Können, das Besondere der Stars, die von den Kids heute angehimmelt werden? Also, sie können Werbung machen und sich wahnsinnig gut selbst vermarkten. Aber wenn wir ehrlich sind, werden sie gehypt für nichts, denn sie können tatsächlich nichts Besonderes.

Wer genau sind diese Stars eigentlich? Ich fürchte, in der Mehrzahl absolute Einzelgänger ohne soziale Kontakte, die sich, anstatt Freunde zu treffen, vor ihre Webcams setzen und der Welt erklären, was sie bewegt. Die Mädchen testen Kosmetik und Kochrezepte, die Jungs Computerspiele und technischen Schnickschnack. Und sie werden belohnt mit Abonnements ihrer Kanäle, also virtuellen Freunden. Das Ganze gepaart mit einer gewissen Selbstverliebtheit, denn nur so lässt sich erklären, dass sie immer und immer wieder neue Videos posten, in denen sie selbst die Hauptdarsteller sind. Und die meist jugendlichen Zuschauer mögen diesen Online-Exhibitionismus ganz offenbar.

Ich las vor kurzem in der Zeitung, dass der YouTube-Star

PewDiePie verlautbarte, dass er seinen YouTube-Account löschen würde, wenn er die Grenze von 50 Millionen Abonnenten erreicht hat. Die Fans, Medien, ach was, die ganze Welt war erschüttert. Ja, was fällt dem Mann auch ein? Okay, ich gestehe, ich habe den Namen noch nie vorher gehört, aber das ist nicht weiter verwunderlich, da ich bei YouTube nicht so aktiv bin, höchstens zwei, drei Stunden am Tag, da kann man nicht alles kennen. Und ich bin auch viel zu ungeduldig, einem vierzehnjährigen Mädchen dreißig Minuten zuzuschauen, wie sie sich schminkt und dabei reihenweise Produkte von ein und derselben Firma vor die Webcam hält.

Im Prinzip sind diese YouTube-Kanäle eigentlich nur Produktplatzierungen und die sogenannten Tutorials ganz freche Werbung, für die sich die »Tester« dann bezahlen lassen oder zumindest die ganzen Produkte kostenlos bekommen. Die Fans dieser Kanäle sind meist zwischen zehn und vierzehn Jahren, allen Älteren fällt der Schwindel nämlich auf. Ich war vor kurzem mit meiner elfjährigen Nichte einkaufen, und auch sie ist Konsumentin der Pseudo-Tutorials. Sie brauchte neues Duschgel. *Ich stelle mir gerade die Frage, wenn ich ihr gegenüber nun eine Drogeriekette erwähnen würde, ob ich für die Nennung dann auch entlohnt werden würde?* Bei einem Duschgel entscheidet meine Nichte aber weder nach dem Preis, dem Duft oder nach hautfreundlichen Inhaltsstoffen, nein, für sie war entscheidend, dass das Duschgel im YouTube-Video gezeigt und empfohlen wurde. Inzwischen haben einige YouTube-Stars sogar ihre eigene Kosmetiklinie, die sie über das Internet vermarkten, und so zahlt man glatt mal fünf Euro für ein Duschgel, weil der YouTube-Star seinen Namen dafür gegeben hat. Langsam schwant mir, wie man davon leben kann. Klar ist, wenn man eine beachtliche Menge an Abonnenten auf seinem Kanal sammelt oder die Klicks bei Instagram fünfstellig werden, wird man interessant und plötzlich findet man E-Mails im Postfach von sogenannten Managern, die ihre Managementlehre vermutlich auch im YouTube-Tutorial gemacht haben. Deren Job ist es nun, auch noch den letzten Cent aus diesen vermeintlichen Stars herauszuquetschen, ihnen Werbeverträge aufzudrücken, so lange, bis sie alt, verbraucht und grau, also über zwanzig, sind.

Und dann stellt sich mir die Frage: Was machen diese Stars von heute, wenn sie morgen durch sind. Das kann schließlich schneller gehen, als es einem lieb ist. *PewDiePie* kann sich ja nicht einfach an die Kasse im Aldi setzen und für den Rest seines Lebens einen normalen Job machen. Oder verdient man mit YouTube so viel, dass man ausgesorgt hat für den Rest seines Lebens? Mit Anfang zwanzig, ohne relevanten Schulabschluss, Ausbildung oder Studium – und ohne reale Freunde? Vermutlich hilft dann nur noch der zweite Bildungsweg: Sie starten ein Tutorial auf YouTube zu dem Thema, wie man YouTube-Tutorials macht.

 Ratgeber: Fünf Schritte zum YouTube-Star

1) Filmen Sie mit Ihrem Smartphone ein niedliches Video von einem knuffigen Welpen, der mit einem lachenden Baby spielt. Starten Sie einen YouTube-Kanal und laden Sie das Video dort hoch.

2) Versenden Sie den YouTube-Link an all Ihre Kontakte bei WhatsApp, Facebook, Twitter, Instagram usw. Bitten Sie Ihre Kontakte, dieses Video wiederum an deren Kontakte zu senden und so weiter. Die Leute werden kein Problem damit haben, ein solch niedliches Video um die Welt zu schicken.

3) Nehmen Sie ein Selfie-Video von sich auf, singen Sie z. B. mit freiem Oberkörper die Karaoke-Version von »Stairway to Heaven«, während Sie innerhalb eines Feuerrings (das könnte zum Beispiel ein angezündeter, benzingefüllter Hula-Hoop-Reifen sein) mit dem Welpen und dem immer noch lachenden Baby jonglieren. Wenn Sie ein Profijongleur sind, können Sie auch noch

einen dritten Gegenstand in die Jonglage einbauen, eine Rolle Stacheldraht zum Beispiel.

4) Jetzt kommt der Clou: *Überspielen* Sie Ihr altes Welpe-mit-Baby-Video mit Ihrer neuen Karaoke-Show. Dadurch, dass sich der Link bereits wie ein Lauffeuer verbreitet hat, werden sehr viele Menschen Ihr neues Video sehen, und

5) die Polizei informieren über Ihren menschenverachtenden Auftritt. Sie bekommen Ihre paar Minuten Berühmtheit weltweit in den Spätnachrichten, und somit sind Sie in fünf einfachen Schritten zum YouTube-Star geworden. Garantiert.

 **Fundstück #15**
»Ähm, Mama, du hast mir gerade neun Fotos vom
Inneren deiner Handtasche geschickt …«
»Hast du darauf irgendwo meinen Schlüssel gesehen?«

Hilfe, meine Mutter hat ein Smartphone

Auch wenn auf den nächsten Seiten ein anderer Eindruck entstehen sollte: Ja, ich liebe meine Mutter, und, noch mal ja, nichts wird uns je auseinanderbringen. Fast nichts. Meine Mutter ist 1954 geboren und hat wie so viele Frauen dieser Generation mit Technik wenig am Hut. Das geht wahrscheinlich nicht nur Frauen so. Aus sicherer Quelle weiß ich, dass viele ältere Menschen ein Problem mit Smartphones und Computern haben. Ich bitte an dieser Stelle um Verständnis, dass ich mich hier ein klein wenig absichern muss: *Nein Mama, das geht nicht gegen dich, nimm das nicht wieder so ernst ;)*

Haben Sie auch lieb und zuvorkommend sein wollen und Ihrer Mutter, die in etwa denselben Jahrgang hat wie meine, ein Smartphone geschenkt oder versucht, ihr einen Computer zu erklären? Nein? Dann sage ich: Herzlichen Glückwunsch, Sie haben alles richtig gemacht! Ich habe gemeinsam mit meinen Geschwistern einen Kardinalfehler begangen und ihr ein Smartphone zu Weihnachten geschenkt. Na gut, es war kein wirklicher Fehler, aber wir hätten es nicht gemacht, wenn wir gewusst hätten, auf was wir uns einlassen. Sie hat es nun seit knapp zwei Jahren und ich bin ein klein wenig stolz, dass es noch lebt, also ich meine natürlich das Smartphone, und dass es auch noch nicht zur Reparatur musste. Ich weiß zumindest davon nichts, dass es jemals repariert werden musste. Aber meine Mutter erzählt mir ja auch nicht alles.

Anfangs hatte meine Mutter ein paar Probleme mit dem Telefonieren über das Smartphone. Sie vergaß immer, die Vorwahl zu wählen.

Ja, beim Smartphone und auch beim Handy muss man immer die Vorwahl zusätzlich wählen, auch wenn man im Haus gegenüber anrufen will.

Meine Mama hatte ja noch ihr Festnetztelefon, und so rief sie mich anfangs öfters an, um mir zu sagen, dass sie mit ihrem Smartphone nicht telefonieren kann. Ich fragte sie dann immer zuerst, ob sie auch daran gedacht hat, eine Vorwahl zu wählen. Inzwischen bekomme ich derlei Anrufe nicht mehr, sie hat sich nach und nach die wichtigsten Regeln der Handhabung gemerkt. Ich helfe ihr ja auch gern und habe volles Verständnis dafür, dass sie sich der Technik nicht so spielerisch nähern kann, wie meine und vor allem die mir nachfolgende Generation, und so trifft es am schlimmsten meinen Neffen, der mit meiner Mutter im selben Haus wohnt. Wann immer es ein vermeintlich technisches Problem gibt, muss er helfen. In der Hinsicht bin ich froh, dass ich 500 km weit weg wohne und, wenn überhaupt, nur per Smartphone greifbar bin.

Aber hey, ich bin stolz, dass meine Mutter inzwischen mit *WhatsApp* umgehen kann. Okay, zumindest im ersten Moment war ich stolz darauf, aber dass sie mir dann schließlich auch tatsächlich schreiben würde, damit habe ich nicht gerechnet. Das ist nämlich das kleine Problem, folgende Situation: Meine Mutter ruft auf dem Festnetzanschluss an. Ich gehe nicht ran. Was denken Sie zuerst? Genau: Ich bin nicht zuhause. Es gibt Leute, die sich sagen: »Gut, dann versuche ich es einfach später noch einmal.« Nicht so meine Mutter. Sie schreibt eine *WhatsApp* mit den Worten »Wo bist Du?« Als braver Junge antworte ich meiner Mutter natürlich: »Ich bin unterwegs, bin einkaufen. Ich rufe Dich an, wenn ich wieder zuhause bin.« Einige Eltern geben an dieser Stelle auf, nicht so meine Mutter. Und wenn ich den Leuten aus meinem Umfeld glauben darf, gibt keine Mutter einfach so Ruhe. Trotz meiner Antwort klingelt keine zwei Minuten später mein Smartphone. Ich gehe ran. Können Sie sich denken, wie ein solches Gespräch heutzutage abläuft?

»Ja bitte, Sie wünschen?« *(Ja, so melde ich mich immer am Telefon.)*
　　»Hallo, wo bist du denn?«
»Hi, ich habe dir doch gerade geschrieben, dass ich einkaufen bin und mich melde, wenn ich zuhause bin.«
　　»Ja, wie lange bist du denn einkaufen, mein Kind?«
　　An einer solchen Stelle verdrehe ich die Augen und bin froh, dass es kein Videoanruf ist.
»Na, auf jeden Fall länger als fünf Minuten. Was gibt es denn?«
　　»Nichts, ich wollte nur mal wissen, was du so machst.«
»Das habe ich dir doch gerade geschrieben, ich bin einkaufen ...«
　　»Ja, und was machst du sonst ...?«

An dieser Stelle höre ich mal lieber auf, von dieser Unterhaltung zu berichten. Sie dürfen den Dialog (Monolog?) aber nach Ihrem Gusto fortsetzen. Denn ich weiß aus sicherer Quelle, dass viele Eltern ganz ähnlich gestrickt sind und sehe es selbst an meiner Schwester, wenn ihre Kinder unterwegs sind. Es sind in etwa dieselben Gespräche. Mein Neffe hört sich das ein oder andere Mal doch sehr genervt an am Telefon, und als ich meine Mutter fragte, ob ich auch so genervt klinge, wenn sie anruft, ist sie aufgestanden und hat kopfschüttelnd den Raum verlassen. Ich habe das als ein Nein verstanden.

　　Ist Ihnen eigentlich schon mal Folgendes aufgefallen: Wenn Sie einen Anruf nur um zwei Sekunden verpassen und den Anrufer zurückrufen, geht diese Person nicht mehr ans Telefon.

Was machen die Leute, wenn der Angerufene sich nicht meldet? Ihr Smartphone nach dem Auflegen weit wegwerfen und schnell wegrennen? Ich habe selbst so einen mysteriösen Fall in der Familie, aber ich will jetzt nicht noch mehr über meine Schwester berichten. Aber wenn ich auf dem Display sehe, dass jemand aus meiner Familie angerufen hat, denke ich immer sofort, es wäre etwas Schlimmes passiert, ich bin da eher der nicht so entspannte Typ. Und wenn ich zwanzig Minuten später doch noch jemanden erreiche, ist es mit der Erleichterung dann meist schnell vorbei. Nachdem ich erfahren habe, dass niemand von einem umherfliegenden Klavier erschlagen wurde und der Hund auch nicht das alte Aktienpaket mit dem Fallobst-Symbol darauf verspeist hat, will ich nur noch eins wissen:

>Wo warst du denn eigentlich, als ich dich zurückgerufen habe?«

>Ich stand unter der Dusche.«

>Wie bitte, zwei Sekunden, nachdem es zum letzten Mal geklingelt hat, warst du schon unter der Dusche?«

>Ja, wieso fragst du?«

Ja, wieso frage ich eigentlich? Es ist doch ganz selbstverständlich, dass man weitgehend unbekleidet zum Smartphone greift, um die wichtige Information zu teilen, dass sich Onkel Otto jetzt endgültig für den Italien-Urlaub entschieden hat, auch wenn Tante Trude lieber nach Tunesien will.

Zurück zu meiner Mama: Sie hat also ihr erstes Smartphone und kommt damit auch gut klar. Telefonieren damit kann sie wunderbar, und *WhatsApp* klappt meistens auch. Okay, die Sprachnachrichten, die sie mir schicken wollte, als *WhatsApp* einen Totalausfall hatte, möchte ich jetzt mal nicht schreiben. *Mutti, wenn* WhatsApp *ausfällt, funktionieren auch die* WhatsApp-*Sprachnachrichten nicht ...*

Immer, wenn meine Mutter mir ein Foto von irgendetwas schicken möchte, bekomme ich zunächst einmal wundervolle Selfies von ihr. Meist so um die fünfzig Stück. Ich könnte somit noch ein weiteres Buch herausbringen: »Die schönsten Selfies meiner Mama«. Was Frau Kardashian kann, kann ich auch. Denn Frau Kardashian hat genau das gemacht und einen Bildband mit Selfies veröffentlicht. Sie kennen ihr Buch nicht? Dann geht es Ihnen wie fast allen auf dieser Welt. Sie kennen Frau Kardashian nicht einmal? Dann geht es Ihnen wie der halben Weltbevölkerung, und die andere Hälfte kennt sie dann leider doch. Die Kurzform: Ein wohlhabendes Mädchen, das durch ein Sexvideo bekannt wurde und nun mit ihrer Familie Millionen macht, indem sie sich von früh bis spät selbst ablichtet und filmt beziehungsweise ablichten und filmen lässt. Mit dem Ergebnis, dass der Allerwerteste von Frau Kardashian im Fernsehen und Internet quasi allgegenwärtig ist. So weit ist es bei meiner Mutter nicht. Noch nicht, zumindest. Ich meine, die Sache mit den Millionen ist schon verlockend, aber ich will trotzdem nicht Teil einer solchen Produktion sein.

Was ich eigentlich sagen will: Meine Mutter kann sich nicht vorstellen, wie die digitale Welt funktioniert. Mein Neffe kann sich nicht vorstellen, wie eine Welt ohne Digitalisierung funktioniert. So prallen Generationen aufeinander. Meine Mutter hat bis heute noch keinen Computer. Wenn meine Mutter etwas über ein Versandhaus bestellen möchte, dann ruft sie dort an. Und da es immer noch gedruckte Kataloge und telefonische Bestellhotlines gibt, ist sie ganz offensichtlich nicht die Einzige, die traditionsbewusst offline bestellt.

Inzwischen kommt meine Mutter mit ihrem Smartphone einigermaßen klar, und ich bin schon beruhigt, dass sie eins hat. Aber so denke ich immer nur bis zu ihrem nächsten Anruf.

Ratgeber: Eltern und Smartphones

1) Wenn Sie Ihren Eltern ein Smartphone geschenkt haben, behaupten Sie einfach, es wäre ein Spielzeug, das Sie auf einer Kirmes gewonnen hätten – sieht zwar täuschend echt aus, aber damit kann man überhaupt nichts anfangen.

2) Wenn Ihre Eltern sich selbst ein Smartphone gekauft haben, behaupten Sie einfach, es wäre ein Gerät von einem anderen Netzbetreiber als dem, den Sie haben, und Sie können damit leider, leider weder untereinander telefonieren noch Nachrichten schicken.

3) Wenn Ihre Eltern doch mehr Ahnung von Smartphones haben, als Ihnen eigentlich lieb ist, haben Sie jetzt ein Problem. Erpressen Sie die Telefongesellschaft, löschen Sie das Internet, und schenken Sie Ihren Eltern ein Cottage in Irland – das ist zwar ziemlich teuer, aber eine ruhige Minute zu haben ist doch unbezahlbar, oder?

Fundstück #16
Cool, ich habe ein Pokémon gefangen.

Kevin, die Nachbarn sagen, sie hätten ihre Katze gerne wieder.

Fitness-Apps

Es gibt ja heutzutage für alles, und ich meine wirklich alles, eine App. Anders ausgedrückt: Es gibt nichts, was es nicht gibt an Apps. Es gibt sogar eine App, die mir sagen kann, welche Apps ich habe. Danke dafür.

Und dann gibt es Apps, die für mich der blanke Horror sind. Richtig, ich rede von Fitness-Apps. Ich selbst habe diese Form der Quälerei noch nie probiert und war mir auch sicher, dass ich das nie tun werde, aber das ist ein anderes Thema. Da die Menschheit heutzutage ohnehin alles mit dem Smartphone macht, ist es nicht verwunderlich, dass es auch Fitness-Apps gibt. Wundern tut mich aber, was diese Apps können oder besser: nicht können. Warum bitte lädt man sich einen Schrittzähler herunter? Wird man davon schlank und sexy? Ich war neugierig und fühlte mich bei meiner investigativen Ehre gepackt, also habe ich mich entschlossen, die Fitness-Apps einem knochenharten Selbsttest zu unterziehen.

Die Fitness-App war auf dem Fallobst-Gerät übrigens bereits vorinstalliert. Ich habe über 30 Minuten versucht, diese App zu löschen, aber der Apfel-Konzern hatte etwas dagegen, vermutlich, weil er sonst keine weiteren, wichtigen Informationen über mich und meinen körperlichen Zustand auf seinen unterirdischen Servern speichern kann, die vielleicht für die Produktentwicklung immens wichtig sind (*»Macht die Smartphones nicht so schwer, 37 Prozent unserer Kunden sind unsportlich und haben Schwierigkeiten, Geräte ab 600 Gramm Gesamtgewicht länger als eine Minute am ausgestreckten Arm vor sich herzutragen ...«*).

Gut, Löschen ging also nicht. Dann eben doch der Praxistest. Mir wurde relativ schnell klar: Man muss das Handy nur schütteln und es zählt Schritte. Ein vielversprechender Weg, um abzunehmen. Ich saß auf dem Sofa und habe das Smartphone samt eingeschalteter Fitness-App zehn Minuten geschüttelt. Auf dem Display wurde mir bestätigt, dass ich gerade 1.323 Schritte gelaufen bin. Ohne mich vom Sofa wegzubewegen. Toll! Diese App macht tatsächlich Spaß. Doch was ist mit dem Gewicht?

Ich habe mich vom Sofa aufgerafft und auf die Waage gestellt, aber die zeigte noch immer dasselbe Gewicht an wie vorher. Wer lügt nun, die Schrittzähler-App oder meine Waage? Gut, die Waage lügt bei mir ja eigentlich immer, aber in dem Fall vermutete ich, dass der Fehler bei der App liegt. Um streng wissenschaftlich vorzugehen, habe ich noch zwei weitere Versuche in exakt derselben Versuchsanordnung durchgeführt (Sofa -> Smartphone schütteln -> wiegen), und alle kamen zum selben Ergebnis: Diese Fitness-Apps sind vollkommener Mumpitz; auch nach über 20.000 Schritten habe ich laut Waage nicht ein Gramm abgenommen.

Gibt es vielleicht andere Anwendungsmöglichkeiten für eine Schrittzähler-App? Man hört ja immer wieder Menschen sagen: »Ach, wenn ich nach Kilometern bezahlt würde!« Scheinbar gibt es also Jobs, in denen man nach gelaufenen Kilometern bezahlt wird, da wäre eine Schrittzähler-App doch genau das Richtige für den Arbeitgeber, der Einsatz der App würde die Lohnabrechnung deutlich vereinfachen. Aber na ja, andererseits kann man durch das Schütteln des Smartphones die Schrittzahl nach oben treiben, das wäre dann ja Betrug.

Ich habe letztens im Fitnessstudio *(oh nein, denken Sie jetzt bloß nicht, dass ich Sport mache: Ich bin da einfach nur vorbeigegangen)* jemanden durch das Schaufenster gesehen, der doch tatsächlich so eine Fitness-App benutzte. Ich habe kurz überlegt, dort reinzugehen und den Menschen einfach mal zu fragen, welchen Sinn es hat, auf dem Laufband zu stehen und die App zu nutzen, wenn doch wirklich alle relevanten Informationen auf dem Display des Sportgeräts angezeigt werden. Ich entschied mich aber dagegen, denn, haben Sie schon mal versucht, mit einem Sportler zu diskutieren? Es ist am Ende dasselbe wie mit einem Veganer oder einem vierjährigen Kind. Es bringt gar nichts. Am Ende sagen Sportler, Veganer und der Vierjährige: »Du bist doof, geh weg!« Wenn Sie abnehmen wollen, gibt es natürlich nicht nur diese Schrittzähler-Apps, sondern auch zahlreiche Diätplan-Apps. Eine dieser Apps habe ich volle drei Tage getestet, um wiederum einen aussagekräftigen Erfahrungsbericht schreiben zu können. Am Ende der drei Tage hatte ich inzwischen auch drei dieser Apps auf dem Smartphone, denn von einer der vorgeschlagenen Diäten allein wird man ja nicht satt. Eines hat mich bei allen dreien aber gleichermaßen gestört: Sie wimmeln von Fehlern in der Beschreibung. Zum Beispiel habe ich immer wieder gelesen, dass man einen Broccoli-Auflauf vor dem Überbacken mit 50 Gramm Käse bestreuen soll. Ich fand es sehr nervig, dass in allen drei Apps ganz offensichtlich eine Null vergessen wurde. Also waren auch diese Apps nur für die Tonne.

Am Ende ist es bei allen Fitness-Apps ähnlich: Sie bringen nichts oder nicht viel. Entweder man hat den Willen und die Kraft, es von allein zu schaffen oder man schafft es gar nicht, auf jeden Fall nicht mit einer App. Ich denke, wenn man eine dieser Apps regelmäßig nutzt, dann will man vor allem sein Gewissen beruhigen. Es gibt scheinbar Menschen, die nur dann ein gutes Gewissen haben, wenn sie solch eine App benutzen. Mir erging es in meiner Testphase nie so. Ganz im Gegenteil, ich hatte ein schlechtes Gewissen. Mein Magen hat jeden Abend jämmerlich geweint und so konnte ich nicht schlafen. Und das ist bekanntermaßen gesundheitsschädlich.

Seit Pokémon Go weiß ich ja zum Glück auch, dass man keine Fitness-App benötigt, sondern einfach nur ein Spiel, das die Menschheit wieder zum Laufen bringt.

Ratgeber: Fitness mit dem Smartphone

1) Übung eins: Stellen Sie sich mit leicht gespreizten Beinen vor Ihr Sofa und legen Sie Ihr Smartphone vor sich auf den Boden, ohne dabei in die Knie zu gehen. Wenn Sie das schaffen, haben Sie bereits Bronze-Status erreicht. Das Herunterlassen des Smartphones am Ladekabel ist ein ungültiger Versuch und führt zur Disqualifizierung.

2) Übung zwei: Warten Sie, bis Ihnen jemand eine Nachricht schickt. Beugen Sie sich wiederum nach unten, ohne in die Knie zu gehen und beantworten Sie die Nachricht in dieser Position. Das führt zum Silber-Status. Nebeneffekt: Wenn Sie nur wenige oder keine Freunde haben oder diese Übung Mittwochnacht um 3.20 Uhr beginnen, kann es durch den resultierenden Essensentzug zu leichten Abnehm-Erscheinungen kommen.

3) Übung drei: Versuchen Sie, das Smartphone mithilfe Ihres Kopftuchs, das Sie selbstverständlich immer tragen, und ohne Zuhilfenahme Ihrer Hände wieder vom Boden zu angeln, indem Sie das Smartphone zwischen Stirn und Kopftuch befördern. Schaffen Sie das, haben Sie Gold-Status und sind ganz offensichtlich fit. Wenn Sie es schaffen, diese Aktion auch noch mit der Frontkamera zu filmen und dann das Video anschließend bei YouTube hochladen, erreichen Sie Platin-Status – dann müssen Sie diese Übung nur zweimal pro Woche wiederholen, alle anderen müssen dies täglich üben.

Fundstück #17
Eltern haben heute zwei Probleme:
Was ihre Jungs runterladen und was ihre Mädels hochladen.

Illegale Downloads

Wenn Sie sich allein durch die Kapitelüberschrift schon irgendwie ertappt vorkommen, blättern Sie am besten rasch weiter zum nächsten Kapitel. Hier geht's nämlich ans Eingemachte, um ein verdammt ernstes Problem, mit dem auch Sie auf jeden Fall etwas zu tun haben: die illegale weite Welt des Internets.

Meine Generation kennt das Thema aus erster Hand, weil es eigentlich so gut wie niemanden gab, der sich nicht zumindest gelegentlich illegal Songs, Videos oder Spiele heruntergeladen hat. Anfang der 2000er waren illegale Downloads der heiße Scheiß, mit der Konsequenz, dass auch noch Jahre später Post vom Rechtsanwalt im Briefkasten liegen kann. Ich erinnere mich an Szenen, da wurden ganze Festplatten voller Filme, Musik und Games auf dem Schulhof getauscht, natürlich unter der Aufsicht des Lehrkörpers, der sich so gar nicht dafür zu interessieren schien. Das war vermutlich ein Religionslehrer, der sich sogleich an einen Bibelvers erinnerte: »Werfe der den ersten Stein, der ohne Sünde ist ...« *[Johannes 8, Vers 7]*.

Es ist egal, ob Musik, Film, Buch oder Computerprogramme, alles, was man illegal herunterladen kann, findet man im Internet auf den einschlägigen Seiten. Bevor die Frage nun aufkommt: Nein, ich habe das natürlich nicht gemacht, noch nicht einmal testweise. Ich bin noch der altmodische DVD- und CD-Käufer. Ich bin eben einfach der Meinung, dass in den Veröffentlichungen viel Arbeit, Schweiß und Tränen stecken, und wenn ein Künstler einen Song oder ein Album macht, das mir gefällt, dann unterstütze ich den Künstler auch, indem ich sein Produkt kaufe. Außerdem gebe ich ziemlich gern mit meinen berstend vollen CD-Regalen an. In der heutigen Zeit braucht man nicht viel Kohle, um die Vielfalt von Musik und Filmen zu nutzen. Es gibt die sogenannten Streamingdienste, bei denen man sich bis weit nach Lebensende mit über 30 Millionen Songs und Hunderttausenden von Filmen und Serien berieseln lassen kann. Die Rede ist von *Spotify, Deezer, Napster, Google Play, Juke, Apple Music, Amazon Prime, Netflix, Maxdome* und so weiter. Man bezahlt seine monatliche Abo-Gebühr, im Schnitt liegt die irgendwo zwischen 7,99 Euro (wenn Aldi, Lidl & Co. diese Abos verkaufen) und 14,99 Euro, wenn es sich um ein Abonnement für mehrere Nutzer handelt, also z. B. ein Familienangebot, bei dem mehrere Leute unterschiedliche Inhalte gleichzeitig über ein Abo anhören oder ansehen können.

Ich selbst nutze sowohl Musik-Streamingdienste als auch Film-Streamingdienste. Und trotzdem gilt für mich: Wenn ich eine tolle Band im Streaming entdecke oder einen richtig geilen Film, kaufe ich trotzdem noch die CD oder DVD. Bei der Musik geht es mir dabei vor allem noch ums Autofahren, denn mein Vehikel ist so alt, dass mein Autoradio nur ganz normale Kauf-CDs abspielt, nicht einmal selbstgebrannte CDs oder MP3-Daten-CDs, von einer Bluetooth-Verbindung zum Smartphone mal ganz zu schweigen. Und mein Radio funktioniert nur an guten Tagen, wenn die Sonne scheint und die Außentemperatur bei exakt 23,4 Grad Celsius liegt. Was bleibt mir also anderes übrig, als Kauf-CDs im Auto zu hören? Und falls Sie fragen: Nein, ich habe mein Auto weder bei MediaMarkt noch bei Saturn gekauft.

Also wundern Sie sich bitte nicht, dass CDs, DVDs oder Computerspiele immer teurer werden. Die Plattenfirmen und Spielehersteller müssen zumindest das Geld verdienen, das sie und alle ihre Mitarbeiter vorher in die Entwicklung der Produkte gesteckt haben. Wenn nur noch ein Bruchteil der sonst üblichen Anzahl an CDs oder Filmen verkauft wird, weil der illegale Wildwuchs zu sehr wuchert, dann bleiben eigentlich nur noch zwei Möglichkeiten: Die Produkte werden deutlich billiger hergestellt, was ganz klar bedeutet: Sie werden schlechter – oder die

Verkaufspreise der Medien steigen parallel zum Anstieg der illegalen Downloads.

Man kann die illegale Nutzung von Musik beispielsweise sehr gut an Konzerten messen. Denn ist es nicht faszinierend, dass manche Künstler die größten Konzerthallen der Republik füllen und Hunderttausende von Menschen jeden einzelnen Song mitsingen können, obwohl nicht ein Titel der Band in den Charts war? Na, woher kennt das Publikum die Songs also? Bestimmt nicht aus dem Radio, das bekanntlich ja immer nur einen Song monatelang rauf- und runterdudelt. Als Erklärung bleibt da nicht viel außer dem illegalen Download. Also versuchen Künstler und Plattenfirmen, sich ihre Kohle über die Live-Shows zurückzuholen, denn es gibt ja so gut wie gar keine Möglichkeit, sich illegal Konzertkarten zu besorgen. Auch die Tatsache, dass Konzertkarten immer teurer werden, lässt sich vom illegalen Download ableiten. Diese Beispiele lassen sich vermutlich auch ewig fortsetzen.

Es gibt allerdings genügend Menschen, die der Meinung sind, das Downloaden von geschützten Inhalten sei gar nicht illegal und schließlich machen das ja alle. Beginnen Sie bitte mal eine Diskussion mit jemandem, der diese Meinung vertritt – ich wette, es wird enden wie bei den Sportlern, Veganern oder den Vierjährigen: Er wird am Ende sagen: »Du bist doof, geh weg!«

Sie können sich selbst einmal in die Lage eines Opfers von illegalem Download versetzen, das ist ganz einfach: Gehen Sie einen ganzen Monat arbeiten und überweisen Sie mir am Monatsende Ihren Lohn. Das Geld bitte an den Verlag schicken, zu Händen Christian Klein. Danke.

Ratgeber: Illegaler Download

1) Im Android-Store, aber auch hier und da im Fallobst-App-Store gibt es sie, die Apps mit denen Ihr Smartphone illegale Downloads vollziehen kann. Der Großteil dieser Apps ist kostenlos und leicht zu handhaben. Eine Übersicht über die besten Apps geben gängige Computermagazine, die zwar darauf verweisen, dass die Nutzung illegal ist, aber so ganz schlimm wird es schon nicht sein, sonst würden *CHIP*, *PC-Welt* und Co. die Namen der Apps doch gar nicht erst veröffentlichen, oder^^?

2) Anstatt Ihr sauer verdientes Geld für Musik und Filme auszugeben, kaufen Sie sich besser einmal in der Woche ein neues Smartphone und wechseln Sie mindestens monatlich Ihren Telefonie-Anbieter, denn bei jedem illegalen Download besteht die Möglichkeit, dass die IP-Adresse* Ihres Routers und sogar die IMEI* Ihres Handys registriert wird, welche direkt und ohne Umschweife persönlich zu Ihnen führen würden.

3) Falls doch einmal eine schriftliche Abmahnung einer Anwaltskanzlei bei Ihnen in den Briefkasten flattert (das ist dieser Behälter draußen vor Ihrer Haustür, wo immer die neusten Infos der Pizza-Lieferdienste gesammelt werden), antworten Sie sachgemäß auf dieses Schreiben mit dem juristisch mehrfach geprüften, korrekten Wortlaut: »Du bist doof, geh weg!« Vergessen Sie nicht, auch das Aktenzeichen in Ihr Schreiben zu übernehmen. Wenn Sie selbst Kinder haben oder Zugriff auf Kinder der Nachbarschaft, lassen Sie die bitte maximal Vierjährigen mit Wachsmalstiften noch eine hübsche Krakelei auf Ihr Schreiben malen, das kommt immer sehr gut an.

Fundstück #18
Mein Gehirn: Dieses Jahr verreise ich!
Mein Konto: Wohin denn? In den Garten?

Apps zum Reichwerden

Heutzutage geht es in unserer Gesellschaft vor allem ums Geld. Wenn man hört, was einige Firmen wert sein sollen, wird einem doch ganz schwindelig. Ob Mark Zuckerberg damals, als er die Idee für *Facebook* hatte, bewusst war, was er da eigentlich gemacht hat? Dass er aus Versehen das erfolgreichste soziale Netzwerk der Welt erfunden hat? Dass er dadurch mal so unglaublich reich werden würde, dass er sein Geld in diesem Leben nicht mehr ausgeben kann? Ich denke nicht, denn für die meisten erfolgreichen Unternehmer ist Reichtum erst einmal zweitrangig. Laut eigener Aussage hat Mark Zuckerberg *Facebook* aus Lust und Laune heraus gemacht. Das ist genau die Motivation, warum ich die meisten Dinge tue, aber reich werde ich dadurch nicht. Ist irgendeinem mal aufgefallen, dass die erfolgreichsten Software-Entwicklungen immer aus den Vereinigten Staaten kommen? Es ist dabei fast egal, was es ist, wenn es ums Internet geht und aus den Vereinigten Staaten kommt, dann wird es zum Selbstläufer. Ich sage nur Ebay, Amazon, WhatsApp, Instagram, Snapchat, Netflix, Twitter, Fallobst oder eben Facebook. Kann bis zum Erscheinen des Buches beliebig ergänzt werden. Wir in Deutschland hatten auch mal digitale soziale Netzwerke, kennen Sie zum Beispiel noch *studiVZ*? Leider – wie andere auch – wieder verschwunden. Die haben kaum jemanden interessiert, weil sie halt nicht aus den Vereinigten Staaten kamen. Im letzten Winkel der Erde können wir einen Discounter eröffnen, aber bei digitaler Technik sind wir Dritte Welt. Sollten Sie also eine grandiose Idee für eine App oder eine andere Internetanwendung haben, beginnen Sie erst zu programmieren, nachdem Sie in die USA ausgewandert sind. Und falls Sie nicht vorhaben, auszuwandern, dann vergessen Sie das mit der App oder versuchen Sie zumindest, Ihre Idee nach Amerika zu verkaufen.

Machen wir Europäer etwas grundlegend falsch? Wenn es eine deutsche App gibt, wird nur drüber berichtet, wenn diese App nicht funktioniert oder schädlich ist. In Amerika wird auch jede technologische Programmneuheit von Promis unterstützt, in Deutschland kann man darauf lange warten. Ich stelle mir die Frage, ob alle deutschen Apps so schlecht sind, dass man sie verschweigt oder ob das andere Gründe hat? Wann hat ein deutscher Promi mal eine deutsche App promotet? Ist mir nicht bekannt. In Amerika ist es sogar üblich, dass Prominente eigene Smileys haben. Diese Kim Kardashian, von der ich schon gesprochen habe, zum Beispiel. Auch Kim wurde eigentlich nur durch die Hilfe des Internets berühmt und somit auch reich. Okay, die Mutter hat tatkräftig nachgeholfen: Als der Porno ihrer Tochter im Netz auftauchte, verbot sie ihn und brachte ihn ganz altmodisch auf DVD raus. Gegen Bares. Das muss wahre Liebe sein. Auch die Familie Kardashian ist also durch das Internet richtig reich geworden, wenn auch nicht ganz auf dem Weg, den Herr Zuckerberg gewählt hätte.

Es gibt auch viele andere fleißige Amerikaner, die sich im digitalen Zeitalter eine goldene Nase verdient haben, von denen man aber nie was gehört hat. Sie kreieren Apps, verkaufen sie für Milliarden an irgendein großes Unternehmen und dann sieht und hört man nie wieder was von diesen Leuten, geschweige denn von der millionenschweren App. Genauso würde ich es auch machen: App bauen, verkaufen und reich sein. Ich habe nur leider so gar keine Ahnung von Computern und somit weiß ich auch nicht, wie man eine App baut. Also wird es vermutlich nie passieren, dass ich eines Morgens in meiner Nachrichten-App lese: »Christian Klein hat seine App für 1 Milliarde Dollar an Facebook verkauft!« Gut, zunächst müsste ich mich mit der Greencard-Lotterie-App auseinandersetzen, um im nächsten Schritt in die USA auswandern zu können, nur dann habe ich ja eine realistische Chance auf Erfolg. Ach nee, das klingt ziemlich kompliziert, ich koch mir lieber noch einen Kaffee ...

! Ratgeber: Apps, die reich machen

Wie immer kommt es natürlich auf die richtige Idee an, und sie muss neu und ungewöhnlich sein. Folgende Beispiele sind erfolgversprechend:

1) Die Smartphone-verschwinde-App

   Apps, mit denen Sie Ihr Smartphone suchen können, gibt es wie Sand am Meer. Also brauchen wir etwas Gegenteiliges, die Smartphone-verschwinde-App. Genau das Richtige für einen trüben Regentag, garantierter Spaß für Jung und Alt, wenn alle die gesamte Wohnung auf den Kopf stellen auf der Suche nach dem verschwundenen Smartphone. Und der Clou: Sie kassieren doppelt, denn weil Sie so schlau waren, eine grandiose Ortungsfunktion in die App zu programmieren, können sich verzweifelte Spieler telefonisch an Sie wenden, natürlich unter einer 0900er-Nummer: Sie kassieren also zusätzliche 4,99 Euro pro Minute dafür, dass Sie das verlorene Smartphone klingeln lassen, bis es gefunden wird.

2) Die Nokia-1101-App

   Diese App versetzt jedes Smartphone in einen Handy-Zustand von 1992. Das Smartphone wird bei laufender App nichts anderes können als telefonieren. Keine SMS senden oder empfangen, noch nicht einmal *Snake* spielen. Sie werden die unglaubliche Ruhe genießen und ein völlig neues Lebensgefühl erfahren. Und da das Nokia 1101 natürlich auch keine Apps verarbeiten konnte, können Sie diese App auch nicht mehr beenden.

3) Die »Ich-weiß-Bescheid«-App

   Diese App können Sie für 99 Cent verkaufen, denn sie wird garantiert millionenfach geladen werden: Die App zeigt Ihnen Datum, Uhrzeit, Akkuladung und Qualität des Handynetzes an, sowie eine Reihe der auf einem Smartphone installierten Apps und übriger Programme, je nach Voreinstellung auch Wetter- und Anrufdaten. Und das Beste dabei ist: Damit sich die Nutzer nicht groß umgewöhnen müssen, achtet die App akribisch darauf, dass sie genauso aussieht wie der eigentliche Smartphone-Startbildschirm.

Fundstück #19
Meine Bank hat mich angeschrieben. Ich habe es geahnt.
Kaum ist Griechenland vergessen, schon falle ich auf.

Junkmails sind kreativ

Jeder, der eine E-Mail-Adresse hat, bekommt E-Mails. Von Freunden, aber auch von völlig Fremden. Diese E-Mails heißen Junkmail, Spam-Mail oder Phishing-Mail. Würde ich diesen E-Mails auch nur ansatzweise glauben, was sie versprechen, wäre ich inzwischen reicher als Bill Gates, beliebter als der Bachelor und würde außerdem im Guinness-Buch der Rekorde stehen, weil ich gefühlt 100.000 Mal der garantiert 1.000.000ste Besucher einer Webseite war und damit exklusiv an einem Gewinnspiel teilnehmen darf. Also quasi nur ich. Geht es Ihnen auch so? Und genau wie ich fragen Sie sich, wie all diese seriösen Firmen eigentlich an die E-Mail-Adressen gelangen? Ich bin weder auf einschlägigen Internetseiten unterwegs noch posaune ich meine Mail-Adresse an irgendwelche Gewinnspielseiten oder an *Facebook*-Walls.

Die Texte in den E-Mails werden wirklich immer kreativer: »Christian, zwanzig heiße Frauen aus deiner Umgebung möchten Dich heiraten«, ist ja noch okay, aber wenn man sich die klangvollen Namen dieser Frauen auf der Zunge zergehen lässt, ist man überrascht, was alles so *in der Nähe* ist: Ludmilla aus Russland? Chulalong aus Thailand? Senait aus Burkina Faso oder Leilani aus Neuseeland? Okay, wenn man das bedenkt, dann waren die Damen aus Polen wirklich in meiner Nähe. Ich frage mich, ob es wirklich Leute gibt, die auf solche E-Mails antworten. Andererseits, wenn es danach geht, wie oft ich schon solche unzweifelhaften Angebote bekommen habe, muss ich die männlichen Leser warnen: **Antwortet nicht auf diese E-Mails, Ihr seid nur zweite Wahl, denn alle diese Mädels wollten mich zuerst!**

Dieser wunderbare Eheanbahnungs-Post ist aber nur ein Beispiel dafür, wie Sie dazu gebracht werden sollen, wild auf irgendwelche Links zu klicken, die meist am Ende dieser E-Mails zu finden sind. Andere E-Mails winken zum Beispiel mit garantierten Millionengewinnen, 100 Prozent steuerfrei und seriös. Wie erwähnt, wenn da irgendetwas dran wäre, wäre Bill Gates längst nicht mehr der reichste Mann der Welt, denn das wäre vielmehr derjenige, der den aktuellen Rekord im Anklicken von Hyperlinks in E-Mails innehat.

Die Frage, ob es wirklich jemanden gibt, der bei diesen »Gewinnspielen« mitmacht, beantwortet sich eigentlich von selbst. Es muss *genug* Menschen geben, die das tun, sonst würde es diese E-Mails nicht geben. Ja, es sollen ja auch Mitbürger existieren, die daran glauben, dass die Erde eine Scheibe ist, also warum nicht auch an den Millionengewinn per E-Mail? Es gibt nichts, was es bei den kreativen Junkmails nicht gibt. Diese Mails versprechen die große Liebe, schnelle Autos, Unsummen an Geld oder sogar Traumimmobilien. Ich bin fest davon überzeugt, dass man auf diese Weise nie im Leben etwas gewinnen wird, die Junkmails von heute sind die Kaffeefahrten von früher, fragen Sie mal Ihre Großeltern, was eine Kaffeefahrt ist. Und dann erklären Sie bitte Ihren Großeltern, woran man Spam-, Junk- oder Phishing-Mails erkennt. Zum Beispiel an der großartigen, häufig ziemlich lustigen Übersetzung, wenn man das überhaupt so nennen kann. Google Translater lässt grüßen. Ein Beispiel gefällig?

Hallo, ich lieben dich, du dich erinnern mich an. Wir haben uns kennen lernen auf Urlaub auf Philippinen. Wir wollen heiraten. Meine Mutter krank und Geld. Können schicken brauchen Geld du mir?

Dich lieben
XXX

Ja, da war natürlich noch ein Link am Ende dieser Schmonzette, aber den möchte ich hier besser nicht veröffentlichen.

Diese E-Mail beinhaltete gleich mehrere Fehler, ganz abgesehen von der Satzstellung und der Rechtschreibung, was ich einer jungen Frau von den Philippinen aber nicht ankreiden will. Mein Philippinisch ist definitiv schlechter als ihr Deutsch. Fangen wir mit einem einfach zu erkennenden Fehler an: Wann bitte war ich auf den Philippinen oder auch nur in der Nähe? Geografisch am nächsten dran war ich, als ich auf Mallorca war, und da liegen immerhin 11.728 km dazwischen beziehungsweise 7.288 Meilen. Wow, das nenne ich mal eine Fernbeziehung!

Dann würde ich im Normalfall davon ausgehen, dass besagtes Hochzeitsversprechen vermutlich im Vollrausch, gegebenenfalls bedingt durch harte Drogen, vermutlich aber häufig einfach nur durch einen Alkoholexzess, zustande kommt. Tja, liebste XXX, ich trinke keinen Alkohol und Drogen nehme ich sowieso nicht. Fehler Nummer zwei. Aber das Eindeutigste, an dem ich diese E-Mail als Spam enttarnen konnte, war, dass die Absenderin der Nachricht davon ausging, dass ich Geld habe. Wie kommt die denn darauf? Weiß sie etwas, das ich nicht weiß? Hat sie vielleicht schon mit meiner Mutter und mit Bill Gates gesprochen? Also, alles zusammen machte mich dann doch ein wenig stutzig und ich begann, an der Geschichte zu zweifeln. Schließlich habe ich die E-Mail gelöscht. Ich falle auf sowas nicht rein. Also zumindest nicht zum neunten Mal!

Eine Frage bleibt allerdings unbeantwortet: Was wollen die Absender dieser E-Mails eigentlich? Uns einfach nur mächtig auf den Geist gehen, und wenn ja, was haben die davon? Sie bekommen es doch gar nicht mit, wenn ich total genervt durch die Wohnung renne und Teller und Tassen zerschlage vor Frust, dass in meinem Posteingang wieder nur Spam-Mails waren. Wollen sie unsere Kontodaten ausspionieren? Das ist aber ein ziemlich umständlicher Weg, alle relevanten Informationen dazu stehen doch fein säuberlich gedruckt und gut lesbar auf meiner EC-Karte, warum also die Mühe? Oder planen die Absender eine feindliche Übernahme meines Smartphones, um damit auf meine Kosten teure Auslandsgespräche nach Papua-Neuguinea zu führen? Da halte ich es schon für wahrscheinlicher, dass man das gekaperte Smartphone dazu benutzt, um mit dem Freund oder der Freundin des Eigentümers Schluss zu machen (das funktioniert ja besonders gut per SMS oder WhatsApp), um ihn oder sie für sich zu gewinnen?

Früher gab es mal eine tolle E-Mail-Adresse, an die man alle sinnlosen oder bösartigen E-Mails senden konnte, Spuren davon findet man heute noch im Internet, wenn man nach »muelltonne.de« sucht. Leitete man eine Mail weiter an muelltonne.de, bekam man postwendend ein virenfreies, recyceltes Ergebnis zurück nach dem Motto: »Vielen Dank für Ihren Recycling-Auftrag. Die eingesandte E-Mail enthielt 37 x E, 25 x N, 12 x I, 11 x K« usw. – und das Beste daran war, dass man die Buchstaben danach alle wiederverwenden konnte. Schade, dass es diesen Service nicht mehr gibt, vermutlich wurde er wegen Überlastung eingestellt.

Was bleibt also zu tun mit der Flut der unerwünschten Elektro-Post? Einfach löschen und gut ist!

 Ratgeber: Spam-, Junk- und Phishing-Mails

1) Tun Sie ein gutes Werk und helfen Sie Bedürftigen: Sie haben doch mit Sicherheit schon immer eine Ahnung gehabt, wer die zahlreichen Angebote für Viagra zum Schnäppchenpreis und die längst überfällige Penis-Vergrößerung wirklich gebrauchen kann. Ihre Freunde und Bekannten werden sich freuen und sich bei Ihnen bedanken, wenn Sie gezielt die passenden Angebote wei-

terleiten. Und schon hat auch diese vermeintlich unerwünschte Werbung einen Sinn für Sie.

2) Tun Sie ein gutes Werk und helfen Sie Bedürftigen: Antworten Sie dem Notar aus Papua-Neuguinea, der dieses Problem mit den 7 Millionen Dollar auf dem Konto eines Verstorbenen hat und Sie bittet, als sein Erbe aufzutreten, damit Sie sich anschließend das Geld teilen können. Informieren Sie den Notar darüber, die Angelegenheit in die Hand eines über jeden Zweifel erhabenen Sachverständigen zu legen und leiten Sie anschließend die E-Mail weiter an rausausdenschulden@rtl.de – Peter Zwegat wird wissen, welchem seiner Klienten er mit 3,5 Millionen Dollar am besten helfen kann.

3) Tun Sie ein gutes Werk und helfen Sie Bedürftigen: Wenn Ihr Virenschutz-Programm einen Virus oder einen Trojaner in einer E-Mail entdeckt hat, löschen Sie diese E-Mail nicht sofort, sondern speichern diese in einem gesonderten Viren-Ordner. Leiten Sie an den Absender des Trojaners nun alle bereits gespeicherten E-Mails aus Ihrem Viren-Ordner weiter, damit er auf diesem Weg eine größere Auswahl an schädlichen Anhängen hat, die vielleicht nicht bei jedem Virenscanner gleich auffallen und er damit schneller zum Ziel kommt.

Sollte es Ihnen auf diesem Weg gelingen, Zugriff auf den Computer des Absenders zu bekommen, machen Sie ihm eine Freude und laden Sie ihm als Hintergrundbild eine Wachsmal-Zeichnung Ihrer vierjährigen Tochter hoch. Das ist doch wirklich nett.

Fundstück #20
Kennt ihr diese Arschlöcher, die andere auslachen, wenn sie stolpern? So eines bin ich!

Das Smartphone ist weg

Da fast jeder ein Smartphone besitzt, hat auch so ziemlich jeder eine Geschichte zu diesem Thema zu erzählen. Einige sind traurig, andere sind lustig und einige sind, Entschuldigung, einfach saublöd.

Auf den meisten Smartphones ist ja inzwischen das halbe Leben gespeichert, und wenn man es verliert, dann ist auch das halbe Leben weg. Einer Freundin von mir ist das allerdings schon so oft passiert, dass sie bisher gar keine Gelegenheit hatte, auch nur einen Bruchteil ihres Lebens darauf abzulegen. Sie »verbraucht« allen Ernstes vier bis sechs neue Smartphones im Jahr, weil sie die Dinger andauernd verliert, irgendwo liegen lässt oder weil sie ihr geklaut werden. Sie nimmt es mit Humor. Für mich ist es eine Horrorvorstellung, das Smartphone zu verlieren, bei allem, was ich darauf über Jahre hinweg gespeichert habe.

Trotzdem scheint es jeden irgendwann einmal zu treffen, also auch mich: Diese richtig peinliche Geschichte ist mir letztes Jahr im Urlaub passiert. Und mir ist diese Geschichte so peinlich gewesen, dass ich dieses Urlaubsland nie wieder betreten werde. Also zumindest bis zu meinem nächsten Urlaub nicht. Aber der Reihe nach. Ich war wie jedes Jahr in Irland im Urlaub. Und es war wie immer ein perfekter Urlaub. Das Wetter war traumhaft. Wir, mein Begleiter und ich, hatten ein wunderschönes Haus mit WLAN. Okay, in Deutschland würde man das wohl kaum als WLAN bezeichnen, aber die Signalstärke reichte, um kurz mal im Internet zu schauen, was in der Welt passierte. Das heißt, man hat morgens eine Seite aufgerufen und zum Abend hin war sie dann vollständig geladen.

Unser Vermieter kümmerte sich rührend um uns. Wenn ich es mir recht überlege, fing das ganze Problem genau damit an:

Er besuchte uns nach einer Woche, um nach dem Rechten zu sehen und schenkte uns bei der Gelegenheit einen Restaurantgutschein. Wir kannten das Lokal nicht und begannen morgens sofort mit der Internetrecherche; es war, wie wir am Abend dann wussten, ein ziemlich edles Restaurant. Wir beschlossen also, zum Abschluss noch mal so richtig gut essen zu gehen. Gesagt, getan. Wir betraten das gut besuchte Restaurant und wurden an einen Tisch am Fenster geführt. Im Hintergrund lief leise Musik, irgendetwas Irisches. Wir hatten gefühlt siebenundzwanzig Kellner und der Nachbartisch, an dem ein älterer Herr mit einer jungen Frau saß, war angenehm weit von unserem Tisch entfernt.

Weil mich beim Sitzen mein Smartphone in der Hosentasche störte, legte ich das gute Stück auf die Fensterbank. Wir unterhielten uns und bestellten das Essen. Nachdem wir den Hauptgang verzehrt hatten, wollte ich auf meinem Smartphone nur rasch die Uhrzeit checken ... und damit begann das Desaster. Beim Griff nach dem Smartphone flutschte es mir aus der Hand und verschwand, wie sollte es anders sein, hinter der Heizung unter der Fensterbank. Jetzt könnte man erwarten, dass bei vermutlich jeder anderen Heizung mein Smartphone einfach unten rausgefallen und möglicherweise in tausend Stücke zerborsten wäre. Aber nicht in einem Restaurant, wenn alle zugucken. Denn ausgerechnet hier gab es hohe, dicke Holzfußleisten, die direkt mit der Unterseite der Heizung abschlossen, so dass gar nichts hinter der Heizung hätte durchfallen können, mein Smartphone schon gar nicht.

Ich blieb im ersten Moment noch ganz ruhig, während meine Begleitung vor Lachen auf dem Tisch lag. Ja, am Anfang grinste ich auch noch, aber das verging mir sehr schnell, als ich erkannte, dass zwischen Fensterbank und Heizung gerade so viel Platz war, dass ein Smartphone eben noch durchpasste – und ausgerechnet mein Smartphone hatte diesen meisterlichen Stunt geschafft.

Ich versuchte, von oben hinter den Heizkörper zu schauen, das funktionierte aber nicht, denn da war die Fensterbank im Weg. Von unten schauen ging schon mal gar nicht, schließlich waren wir im Restaurant. Gut, dann eben von der Seite, denken Sie? Ja, falsch gedacht. Rechts und links neben dem Heizkörper waren kaum zwanzig Zentimeter Platz, mit anderen Worten: Das Smartphone blieb unsichtbar. Inzwischen saß ich da wie ein begossener Pudel. Bilder zogen durch meinen Kopf: Meine Kontaktliste, meine Fotosammlung und die Videos. Meine Whats-App-Nachrichten, meine Notizen zu diesem Buch hier, und, und, und ... außerdem war das Teil noch ziemlich neu und verdammt teuer gewesen. Ich bekam eine kleine Panikattacke. Sollte das alles verloren sein? Schweißtropfen bildeten sich auf meiner Stirn. Eine Lösung musste her, und zwar schnell!

Also, wie kommen wir da heran? Meine Begleitung sprach mit einer der Kellnerinnen, die mit einem umgebogenen Kleiderbügel aus Draht zu Hilfe eilte. Ich stocherte mit dem Bügel hinter der Heizung herum und versuchte, das Smartphone zu ertasten und es an der Seite rauszuschieben, aber scheinbar war der Bügel zu kurz oder das Smartphone zu verkeilt – wie auch immer, es war aussichtslos. Selbst wenn ich das Gerät erreicht hätte mit dem Bügel – links und rechts waren die Wandhalterungen der Heizung befestigt, da hätte man nichts durchschieben können. Also erst mal hinsetzen, durchatmen, zusammenfassen: Mein Smartphone konnte nicht unten durchfallen, weil die Fußleiste den Weg versperrte, es konnte auch nicht nach rechts und links geschoben werden, weil jeweils die Wandhalterung im Weg war, und man konnte es auch nicht herausangeln, weil man es nicht zu greifen bekam.

Inzwischen kamen auch noch Kellner Nummer zwei und Nummer drei, um sich das Spektakel anzusehen und Optionen zu diskutieren. Während meine Begleitung immer noch herzlich lachte, war ich einem Nervenzusammenbruch nah. Kellner Nummer zwei machte einen Vorschlag. Dass er überhaupt noch lebt, verdankt er nur meinem schlechten Englisch – ich habe seinen völlig hirnrissigen Vorschlag einfach nicht verstanden. Ich erfuhr erst viel später, was er sagte: »Na, dann lassen Sie das Smartphone erst mal da, wo es ist *(Fehler Nummer eins)*, wir rufen dann morgen *(Fehler Nummer zwei)* einen Heizungsbauer, und Sie können das Gerät morgen Abend abholen *(Fehler Nummer drei)*.« Meine Begleitung antwortete, dass der Vorschlag den kleinen Nachteil hätte, dass wir ja morgen früh bereits abreisen würden.

Inzwischen hatte sich auch unser Nachbartisch eingeschaltet und der ältere Herr versuchte sein Glück nochmals mit dem Kleiderbügel, während die junge Dame versuchte, mich zu beruhigen. Kellnerin Nummer vier kam und sagte zu mir: »So etwas haben wir hier auch noch nicht gehabt, passiert Ihnen sowas denn öfter?« Ja, wollte ich schreien, weil ich mich so gern zum Idioten mache – vor allem in teuren Restaurants!

Unser Nachbartisch bekam inzwischen die Nachspeise serviert, aber davon wollte der Mann nichts mehr wissen, denn er hatte sich in den Kopf gesetzt, mein Smartphone zu retten. Wird er der Held des Tages? Er kam mit einer neuen Idee, zückte sein Smartphone und legte es wagemutig auf den Heizkörper, um damit in das tiefe Schwarz zwischen Heizung und Wand zu fotografieren. Es entstanden eine Reihe von künstlerisch wertvollen, aber teils recht verstörenden Fotos, auf denen man grundsätzlich nichts erkannte. Na ja, doch, da war irgendetwas, genau in der Mitte des Schachts, das metallisch aussah – er nutzte den Kleiderbügel und angelte um das vermeintliche Fundstück herum, aber auch das führte nur zu weiterer Verzweiflung und Frustration.

Weitere zwanzig Minuten vergingen, drei weitere Kellner standen inzwischen um unseren Tisch herum und wir genossen die ungeteilte Aufmerksamkeit des gesamten Restaurants. Der freundliche Herr vom Nachbartisch gab auf und setzte sich wieder an den Tisch zu seiner Nachspeise. Alle übrigen Anwesenden im Restaurant betrachteten mich mit neugierigen Blicken. Was ich wohl als Nächstes tun würde? Ich war nur noch verzweifelt, hatte inzwischen Herzrasen und bemerkte eine gewisse Aggressivität in mir aufsteigen. Ich hatte keine Lust mehr, auf die Hilfe von anderen zu hoffen oder selbst zum hundertsten Mal sinnlos mit dem Drahtbügel hinter dieser hinterhältigen Missgeburt einer prähistorischen Wärmeerzeugungskonstruktion herumzuangeln. Ich presste unseren Tisch zur Seite und rüttelte grob an der Heizung. Meine Begleitung fragte ein wenig panisch in die Gruppe der umherstehenden Kellner: »Ist das eine Gasleitung?« Dabei deutete er auf den aus dem Boden kommenden Schlauch, der irgendwo hinter der Heizung verschwand. Es war mir total egal, ich wollte nur mein Smartphone zurückhaben. Ich bekam aber mit, dass einer der Kellner den Kopf schüttelte. Gut, keine Gasleitung. Ich wackelte so lange an diesem dämlichen Heizkörper, bis ich ihn vollständig aus der Verankerung gelöst hatte. Dann geschah das Wunder. Ich weiß nicht mehr, ob ich mir das einbildete, aber ich hörte anstelle des Irish Folk aus den Lautsprechern nun einen festlich singenden Chor.

Unter der angehobenen Heizung öffnete sich ein Spalt, und ein Schwall von Dingen, die über Jahrzehnte hinter die Heizung gefallen waren, ergoss sich klimpernd zu Boden: Acht Messer, eines davon sah aus, als stammte es noch aus dem Ersten Weltkrieg, vier Gabeln, drei Löffel, etliche Schrauben und ein Hotelschlüssel von Zimmer 28. Diese Zahl hat sich für immer in meinen Kopf gebrannt.

Es folgten noch ein paar Servietten, eine alte Menükarte, nur mein Smartphone wollte partout nicht fallen. Dem Wahnsinn nahe fasste ich mir in einem unbeobachteten Moment vorsichtig an die Taschen, um sicherzugehen, dass ich mir das alles nicht eingebildet hatte, und mein Smartphone wirklich dahinter lag. Ich hatte es nicht in der Tasche. Irgendeiner der Gäste weiter hinten rief: »Das ist ja besser als Kino!« Sein Glück, dass ich gerade zu beschäftigt war, als mich darum zu kümmern, auch diesen Herrn zu töten. Und momentan waren hier auch einfach zu viele Zeugen.

Mit einer Hand hob ich den Heizkörper erneut an und stocherte mit der anderen Hand, bewaffnet mit dem Kleiderbügel, unterhalb des Geräts herum. Ich spürte einen Widerstand. Ich stocherte heftiger. Und noch mal. Und dann fiel es endlich, *mein Smartphone*, mein Schatz.

Ich war der glücklichste Mensch der Welt und die Angestellten und Gäste im Restaurant johlten und applaudierten. Den Heizkörper ließ ich fallen und er lehnte schräg abstehend von der Wand wie ein volltrunkenes Pferd am Aschermittwoch. An meinem Platz sah es aus, als wäre eine Bombe eingeschlagen, aber das war mir vollkommen egal, denn ich war wieder ein vollwertiger Mensch. Diese ganze Prozedur hatte sich über eine Stunde hingezogen. Ich war durchgeschwitzt, fix und fertig, aber glücklich. Wir bezahlten noch schnell mit dem Gutschein und machten uns dann schnellstmöglich aus dem Staub.

Dank meines Begleiters wissen natürlich alle Freunde und Bekannten Bescheid, wirklich jeder kennt diese Story und mir ist sie nach wie vor ziemlich unangenehm. Eines zumindest habe ich aus der Sache gelernt: Ich werde mein Smartphone nie wieder auf eine Fensterbank legen, unter der sich eine Heizung versteckt. Und wenn doch, dann ... Außerdem habe ich mir von einem Schlosser eine Spezial-Einfassung für mein Smartphone anfertigen lassen. Der hat eine dreißig mal sechzig Zentimeter große Metallplatte an die Rückseite des Geräts geschweißt, die obendrein noch ein Loch für eine Kette hat, an der ein Backstein hängt. Zugegeben, jetzt habe ich zwar Schwierigkeiten, das Smartphone in der Hosentasche verschwinden zu lassen, aber zumindest kann ich sicher sein, dass es niemals mehr hinter eine Heizung fällt.

❗ Ratgeber: Umgang mit Entzugserscheinungen

1) Eine Aufwärmübung: Schalten Sie Ihr Smartphone täglich für zehn Minuten komplett aus und üben Sie, diese Zeit anderweitig zu verbringen. Zeichnen Sie zum Beispiel ein Bild von Ihrem Smartphone.
Okay, das ist vermutlich heftig, beginnen Sie zunächst mit einer Minute in der Woche.

2) Wenn Sie auf einen Süchtigen treffen, der sein Smartphone verlegt oder verloren hat, leihen Sie ihm Ihr eigenes Gerät, bis der Entzug etwas abgeschwächt ist und er wieder normal atmen kann. Natürlich machen Sie das nur so lange, bis Sie selbst das Kribbeln spüren. Falls der Süchtige sich weigert, Ihnen Ihr Smartphone wiederzugeben, ist der Einsatz roher Gewalt angebracht und wird von den meisten Gerichten als Schutz des eigenen Lebens, also als Notwehr, ausgelegt.

3) Falls Ihr Smartphone tatsächlich unwiederbringlich weg ist, verfallen Sie nicht in Panik. In nur sieben Stunden machen die Läden wieder auf, in denen Sie sich ein Neugerät besorgen können. Bis dahin nehmen Sie die Zeichnung aus 1) und kleben Sie diese auf einen passenden Karton, einen Taschenrechner oder Ähnliches. Kommen Sie schon, irgendwas haben Sie bestimmt zuhause, das in Form und Größe an Ihr Smartphone erinnert. Jetzt braucht es nur noch ein wenig Fantasie und Sie können die Zeit gut überbrücken, bis Sie wieder ein echtes Smartphone in Händen halten. Alles wird gut.

Fundstück #21
Niemand kennt mich in so vielen erbärmlichen
Zuständen wie der DHL-Bote.

Macht uns das Smartphone faul?

Ich bekenne freimütig: Mich hat nicht das Internet oder das Smartphone faul gemacht, ich war es vorher schon. Und leider gibt es ja so gut wie nichts, was wir nicht mit dem Smartphone erledigen können. Wir sind ja nicht mal mehr gezwungen, mit wirklichen Menschen zu reden. Hier ein paar Beispiele aus dem Alltag

Taxi bestellen

Heutzutage muss man nicht mehr in der Taxizentrale anrufen, um ein Taxi zu rufen. Oder durchnässt im strömenden Regen den vorbeihuschenden Wagen mit dem schwarz-gelben Schild auf dem Dach hinterherlaufen. Installieren Sie *MyTaxi* oder eine ähnliche App auf Ihrem Smartphone, und los geht's: Sie lassen sich von Ihrem Smartphone orten und drücken auf »Bestellen«. Sie bekommen angezeigt, wann das Taxi bei Ihnen ist und welche Strecke der Fahrer nimmt. Sie sehen auch den Namen und ein Foto des Fahrers sowie Marke und Kennzeichen des Fahrzeugs. Wenn Sie wollen, kann die App auch den Bildschirm Ihres Smartphones blinken lassen, um dem nahenden Chauffeur schon von weitem anzuzeigen, dass Sie sein Fahrgast sind. Gut, Sie müssen noch selbst einsteigen, aber das ist bei den ganzen Vorteilen doch die kleinste Sorge.

Am Ende der Fahrt geht es ums Bezahlen, was Sie dank PayPal inzwischen per Smartphone machen können. Sie müssen kein Geld dabeihaben. Einfach per App angeben, dass Sie per PayPal oder Kreditkarte bezahlen wollen, Sie können auch gleich die Höhe des Trinkgelds festlegen. Nach der Fahrt haben Sie zudem die Möglichkeit, die Fahrt zu bewerten, ob der Fahrer gut gefahren ist oder nicht, ob er freundlich war oder nicht und noch tausend andere Kategorien. Bisher waren *fast* alle Fahrer, die ich mit dieser App gebucht habe, tatsächlich ungewöhnlich handzahm, ja sympathisch. Das liegt vermutlich daran, *dass* man sie bewerten kann, da will ja keiner schlecht wegkommen. Gut, einer kannte sich nicht in Hamburg aus. Die erste Stunde der Stadtrundfahrt fand ich toll, aber dann war ich leicht genervt, weil ich wirklich zurück ins Hotel wollte. Nun, App sei Dank, er wollte für seine Kreuz- und Querfahrt ins Ungewisse kein Geld, also habe ich eine kostenlose Stadtrundfahrt durch Hamburg genossen und er bekam keine schlechte Bewertung.

Vor kurzem habe ich das Profil eines Fahrers gelesen, das sehr vielversprechend war. Da stand: »Ein supertoller und vorschriftsmäßiger Fahrer, ich fühlte mich sehr sicher. Er sprach perfektes Deutsch und man konnte sich prima mit ihm unterhalten. Ich nehme diesen Fahrer jederzeit wieder.« Da ich beim Autofahren und Fliegen ein Feigling bin, bestellte ich mir genau diesen Fahrer und habe mich auf eine entspannte Tour gefreut. Pustekuchen! Mein Chauffeur raste mit 120 km/h durch die Kölner Innenstadt, nur um mir zu zeigen, was er für tolle Bremsen hatte. An jeder zweiten roten Ampel stieß meine Nase gegen die Windschutzscheibe, obwohl ich angeschnallt war. Warum nur an jeder zweiten, fragen Sie? Liegt das nicht auf der Hand? Er hielt einfach nicht an jeder roten Ampel, sondern fuhr in seinem gemütlichen Tempo auch gerne mal bei Rot einfach weiter. Das funktionierte natürlich nur, weil es morgens um zwei Uhr war, aber das machte die Sache nicht besser. Ich fühlte mich wie ein Beifahrer auf der Rallye Paris-Dakar. Da der Fahrer auch nicht wirklich deutsch sprach, war mein verzweifeltes Flehen, er möge doch etwas langsamer fahren, vollkommen vergebens. Irgendwie kamen wir am Ziel an, ich drückte auf »Bezahlen – ohne Trinkgeld« und schlotterte in Richtung Hotel. Erst in meinem Zimmer angekommen, konnte ich die Hände wieder von den Augen nehmen.

Was ich mit dieser Geschichte sagen will: Bewertungen im Internet sind Glückssache. Oder gekauft.Damit so etwas nicht wieder passiert, können Sie mit diesen Apps auch Ihren ganz persönlichen Lieblingsfahrer bestimmen und diesen immer bestellen, wenn eine Taxifahrt ansteht. Das kann zwar ein paar Minuten länger dauern, bis er Sie aufsammelt, wenn er beispielsweise noch einen Fahrgast oder frei hat, aber das lohnt sich. Und Sie können immer schauen, bei welchem Imbiss Ihr Lieblingsfahrer Pause macht oder von wo nach wo er häufiger unterwegs ist. Das nenne ich *Mobile Stalking* vom Feinsten, eine prima Erfindung. Damit haben Sie auch gleich etwas, worüber Sie sich mit dem Fahrer unterhalten können, er wird sich bestimmt freuen, dass Sie so gut über ihn Bescheid wissen.

 Spontan-Ratgeber:

Sie stehen auf Stalking, MyTaxi ist Ihnen aber zu langweilig, weil Sie nicht nur Taxifahrer stalken wollen? Hier ist die Lösung: Mit InstaSnoop können Sie allen Nutzern von Instagram hinterherschnüffeln, ohne dass Sie dafür eine Seite liken müssen. Und das funktioniert nicht nur bei öffentlichen Profilen, Sie können jedes Profil einsehen und alle News dazu automatisch auf Ihr Smartphone laden. Na dann: Ran an den Speck!

Lebensmittel bestellen

Heutzutage muss man dank Smartphone, Tablet oder auch dem guten, alten PC nicht mal mehr selbst einkaufen gehen. Ich meine damit auch nicht Klamotten oder sowas, ich spreche von Alltagsbedürfnissen wie Milch, Kaffee oder Wasser. Die gewünschte Ware in benötigter Menge einfach in den elektronischen Warenkorb packen, »bestellen« drücken und ab geht die Post. Am nächsten Tag klingelt es an der Tür und die Ware wird geliefert. Das alles für ein, zwei Euro Aufschlag. Für einen gelernten Verkäufer wie mich der blanke Horror. Denken Sie das Ganze mal zu Ende: Wenn fortan jeder auf diese Weise shoppt, werden die örtlichen Supermärkte zu reinen Warenlagern, in denen Roboter die Ware automatisch sortieren und die einzigen Menschen, die dort arbeiten, sind der Wachmann und der Lieferjunge. Die Arbeitslosigkeit steigt entsprechend um die ca. 3 Millionen Beschäftigten im Einzelhandel, die ja nicht mehr gebraucht werden. Das Geld wird immer knapper, die Onlinebestellungen werden auf das Nötigste reduziert, was in diesem System allerdings nicht kostendeckend ist, und schließlich führt alles zu dem, was der Mathematiker »Division durch null« nennt: Das System killt sich selbst, implodiert, ist einfach weg. Als die ersten Supermärkte damit angefangen haben, Onlinebestellungen zu ermöglichen, habe ich damit angefangen, Tomaten und Broccoli im Blumenkasten zu züchten. Sicher ist sicher! Da fällt mir ein, dass ich meinen Vermieter mal fragen muss, ob Hühner auch zu den »Kleintieren« gehören, die ich in der Wohnung halten darf ...

 Spontan-Ratgeber:

In dem Kontext ist es durchaus sinnvoll, eine der zahlreichen Farmer-Apps zu installieren, um sich geistig auf die Aufzucht von Hühnern, Kühen, Schweinen usw. vorzubereiten. Wer früher ein Tamagotchi hatte, ist klar im Vorteil – aber keine Sorge, auch das Tamagotchi gibt es natürlich als App. Ansonsten sind Tiny Farm, MyFreeZoo oder Farmerama bestens zu empfehlen. Lassen Sie aber die Finger von der Broccoli-App, mit dieser App kann man Apps bauen, aber von selbstgebauten Apps wird man nicht satt.

Unsere Welt wird immer hektischer, die Menschen verbringen ihre Zeit lieber mit lustigen Spielen auf dem Smartphone, so dass sie für den Gang zum Supermarkt einfach keine Zeit mehr haben. Die Zeiten, als ganz Deutschland nach der Autowäsche am Samstagvormittag einkaufen ging, neigen sich langsam dem Ende zu. Wenn es so weitergeht, werden wir in 20 Jahren keine Supermärkte mehr haben, weil alles geliefert wird. Es ist nur eine Frage der Zeit, bis auch die Discounter wie Aldi, Lidl, Netto oder Penny da mitziehen, die sich momentan noch standhaft weigern, auch wenn längst alle einen Onlineshop für die sogenannten »Non-Food-Artikel« führen.

Den Konzernzentralen ist es völlig egal, ob die Menschen in den Laden gehen oder im Onlineshop ihr Geld lassen, Hauptsache, das Geld wird *irgendwo* gelassen. Vorreiter für das Rundumsorglos-Paket in Sachen Onlinebestellung ist natürlich Amerika. Da gibt es nicht wie in Deutschland alle fünf Kilometer mindestens einen Supermarkt, da ist der nächste Discounter im Umkreis von 50 Kilometer zu finden.

Fast Food bestellen

Ich habe in Irland im Fernsehen gesehen, dass dort auch die üblichen Verdächtigen Werbespots für ihre Bestell-Apps ausstrahlen, also *Lieferando*, *Pizza.de* oder *Lieferheld* – klar, die heißen im Ausland anders, aber die Logos erkennt das trainierte Auge sofort wieder. Tage später habe ich bemerkt, dass ich gar keinen irischen Sender geguckt habe, sondern einen aus England. Meine Neugierde war geweckt und tatsächlich: Diese Apps sind in Irland überhaupt nicht verfügbar. Hallo, das Land hat ein kaum so zu bezeichnendes Internet, die Dörfchen liegen etliche Kilometer auseinander und anstelle des Fast-Food-Restaurants gibt's einen Pub, in dem man zwar auch immer irgendwas zu essen bekommt, aber der Wirt müsste für eine eingehende Bestellung seinen Laden erst mal zwei Stunden zumachen, wenn er eine Lieferung zum übernächsten Dörfchen ausfahren wollte.

Zu meiner Jugendzeit hatte man noch Flugblätter von den kleinen Imbissrestaurants vor Ort im Briefkasten. Man musste anrufen, um zu bestellen. Dank Lieferando und Co. ist das Sammeln von Pizzadienst-Flugblättern genauso überflüssig wie das Anrufen bei dem Pizzadienst. Kein Wunder, dass man mit den meisten Smartphones eigentlich gar nicht richtig telefonieren kann. Und kein Wunder, dass Zuwanderer es zusehends wieder schwerer haben, die deutsche Sprache zu erlernen. In diese Apps gibt man also einfach seine Postleitzahl ein und schon bekommt man angezeigt, wer was wohin liefert. Man muss nicht mal mehr Bargeld haben, weil man alles auch mit Kreditkarte oder PayPal bezahlen kann. Ich gebe zu, dass diese Apps zu meinen am häufigsten genutzten Apps gehören, denn man erlebt oft herrlich schräge Sachen. Ich bestelle per App bei einer großen Pizzakette, die melden sich telefonisch und sagen, dass sie nicht zu mir liefern dürfen, weil meine Straße *hinter der Grenze* liegt. Im ersten Moment dachte ich an die Teilung von Ost und West und war maximal verwirrt, wurde dann aber aufgeklärt, dass die Konzernzentrale den Betreibern der Kette einen Radius vorschreibt, in dem sie liefern dürfen. Es stellte sich heraus, dass ich in einer Straße wohne, die von keinem Radius der drei mich einkreisenden Restaurants dieser Kette erfasst wurde. Statt zu verhungern, nahm ich mir ein Herz und fuhr zu dem kaum zwei Kilometer entfernten Laden und holte meine Pizza ganz *oldschool* persönlich vor Ort ab und zahlte obendrein mit Bargeld.

Was auch oft passiert, ist, dass man zwar bestellt, aber nichts erhält. Ich habe über eine Lieferservice-App beim Chinesen bestellt, bekam eine Bestellbestätigung per E-Mail und sogar als SMS auf mein Smartphone, nur eines bekam ich nicht: mein Essen. Nach über neunzig Minuten Wartezeit rief ich beim Chinesen an, wo man mir dann ganz einfach am Telefon sagte, dass sie überhaupt nicht mit dieser Liefer-App zusammenarbeiten. Gut, an dem Abend gab es also einfach nur Brot, das ich aß, während ich die »Feedback-Funktion« der App nutzte, um mitzuteilen, was mir der höfliche Chinese am Telefon gesagt hatte. Ergebnis: Das chinesische Restaurant ist auch vier Jahre später noch in der App gelistet und auch noch ein weiterer Versuch, auf diesem Weg zu bestellen, war erfolglos. Vielleicht wollte mein Smartphone einfach nicht, dass ich dort etwas bestelle, weil es schon beim Aufrufen der App im Hintergrund eine Reihe von schrecklichen Wahrheiten, die mit Hunden und Katzen zu tun haben könnten, gegoogelt hat und mich einfach vor einer schrecklichen Wahrheit bewahren wollte. Ich denke, das ist die wahrscheinlichste Erklärung. Alles andere würde ja schließlich bedeuten, dass die Herrschaften der Lieferservice-App sich einen Dreck um ihre Kundschaft scheren, und das wollen wir doch nicht glauben, oder?

Wo wir gerade bei Hunden und Katzen sind: In Großstädten ist es inzwischen sogar möglich, sich Buletten von McDonalds und Burger King liefern zu lassen. Nicht jede Filiale macht mit, aber die, die dabei sind, liefern im Umkreis von bis zu zwei Kilometern. Die Buletten kommen mit dem Fahrrad oder Moped, die Burger-Bräter wollen sicherstellen, dass das Essen zumindest noch lauwarm ist, wenn es bei Ihnen ankommt, deshalb der kleine Lieferradius. Mich macht das kerngesund, denn die Sache hat einen riesigen Haken: Ich wohne in einer Gegend, wo sich Hund und Katze gute Nacht sagen, und der nächste McDonald's ist fast zehn Kilometer weit weg. Ich könnte heulen, wenn ich nicht so schlank wäre (Ironie).

! Spontan-Ratgeber:

Von der hundkatzemaus-Redaktion (VOX) empfohlen: PupTox, die Datenbank mit giftigen Pflanzen und Lebensmitteln. Jetzt liegt es an Ihnen, ob Sie sich schützen wollen oder diese Informationen für ganz andere Dinge nutzen möchten.

Alles bestellen

Dank der App des weltgrößten Onlinehändlers kann man im Netz ja inzwischen alles bestellen, und ich meine wirklich alles. Klar, da gibt's Bücher, Musik und Filme, es gibt Handtücher, Betten, Teller und Töpfe, es gibt aber auch Autos und sogar Häuser (Letztere allerdings ohne die Option, sie als Geschenk verpacken zu lassen). Ich werde Ihnen jetzt nicht alles aufzählen, was es dort gibt, sonst hätte dieses Buch zirka 124.369.758 Seiten, und das möchten Sie ja nicht aus der Buchhandlung nach Hause schleppen, oder? Die Rede ist natürlich von Amazon. Dort gibt es einfach alles, und oft habe ich auch das Gefühl, dort gibt es alles günstiger als anderswo. Und ich bin sicher, jeder, der einen einigermaßen funktionierenden Internetzugang hat, hat dort auch schon irgendetwas bestellt, ja selbst ich habe es getan. Das unendliche Angebot stammt wahlweise von Amazon direkt oder von einem sogenannten Drittanbieter, der zwar aus seinem eigenen Warenlager verkauft, sein Angebot aber über Amazon publik macht. Damit ist Amazon nicht nur ein Versandhaus wie dereinst Otto, Quelle oder Neckermann, Gott hab sie selig, Amazon ist die größte Waren-Suchmaschine der Welt. Geben Sie einfach irgendeinen Begriff bei Google ein, Sie werden einen Amazon-Treffer landen, entweder führt Amazon den Artikel selbst oder der besagte Drittanbieter.

Auf diese Weise ist Amazon allerdings auch zum Mekka für Betrüger geworden. Es ist eine recht simple Masche, die dort abgezogen wird, denn sie zielt auf die allgegenwärtige Schnäppchenmentalität ab: Der Betrüger stellt einen Artikel zum Bruchteil des normalen Preises ein, und wenn jemand anbeißt, kommt vor der normalen Kaufabwicklung der Hinweis, dass es *momentan Probleme mit dem Bezahlen über die Amazon-Kaufabwicklung gibt*, und die Käufer werden gebeten, ihr Geld direkt auf ein Konto zu überweisen, das noch per E-Mail mitgeteilt wird. Und so kommt es, wie es kommen muss: Viele fallen ob des vermeintlichen Superschnäppchens des Jahres auf die Betrugsmasche herein, überweisen gutgläubig das Geld und warten dann vollkommen vergebens auf die Ware. Das wirklich Gemeine ist, dass die Betrüger für ihre Masche gut funktionierende Shops von Drittanbietern kapern, also mit Tausenden und Abertausenden von guten Bewertungen werben können. Seien Sie also auf der Hut, wenn zum Beispiel ein Händler für antiquarische Bücher plötzlich Waschmaschinen und HD-Fernseher verkauft.

Amazon hingegen steht trotz dieser Betrugsmasche in keinerlei Haftung, da es nicht zur Kaufabwicklung über Amazon gekommen ist. Nur das, so wollen es die AGB des Versenders, bringt Amazon tatsächlich in Zugzwang. Amazon löscht natürlich trotzdem täglich zahlreiche dieser Fake-Angebote, aber sie kommen einfach nicht hinterher, weil wiederum täglich so viele neue betrügerische Angebote dazukommen. Zum Thema Betrug im Internet später mehr.

Amazon selbst teilt seine Kunden ja seit geraumer Zeit in zwei Lager ein. Die normalen Kunden und die Prime-Kunden. Als Prime-Kunde zahlt man eine Jahresgebühr und kann dafür versandkostenfrei bestellen und Filme, Serien und Musik streamen. Seit einiger Zeit kann man sogar Bücher streamen – machen Sie das etwa gerade? Das Prime-Angebot lohnt sich natürlich für die oberfaulen Menschen, die einfach alles im Netz bestellen. Für Menschen wie mich, die nur ab und zu bestellen, ist das Angebot noch fraglich. Die Betonung liegt auf dem »noch«.

Denn als Prime-Kunde gibt es noch mehr Vorteile. Amazon verspricht die Lieferung bestimmter Artikel innerhalb von zwei Stunden. Das gibt es bislang hierzulande nur in Berlin und München, es ist aber wie immer nur eine Frage der Zeit, bis das überall möglich ist. Eine unglaubliche Vorstellung: Sie stehen im üblichen Berufsverkehrstau und nutzen die Zeit, um irgendetwas zu bestellen, das Ihnen gerade in den Sinn kommt. Zuhause treffen Sie gleichzeitig mit dem reitenden Boten von Amazon ein, der Ihnen Ihre Ware aushändigt. Wie klingt das?

Aber es geht noch weiter: Vor kurzem wurde berichtet, dass Amazon versucht, Aldi anzugreifen, zumindest in Amerika. Amazon möchte eigene Discounter-Filialen in Amerika eröffnen, die sich aber in einem wesentlichen Punkt unterscheiden. Auch für diese Discounter soll es eine Art Prime-Mitgliedschaft geben, sprich, man muss einen Jahresbeitrag zahlen, um dort einkaufen zu können. Oder anders formuliert. Man zahlt Eintritt für den Supermarkt. Eins muss man Amazon ja lassen: Kunden an sich binden können sie echt gut.

Wann und wo die erste Amazone eröffnen wird, steht noch nicht fest. Vielleicht eröffnet dieser Laden auch früher, als dieses Buch erscheint. *Ich fühle mich gerade irgendwie unter Druck gesetzt* ☺ Eines ist sicher, Amazon ist die unantastbare Nummer eins im weltweiten Onlinehandel, da kommen die asiatischen Gegenangriffe namens Alibaba oder Wish einfach um zwei Jahrzehnte zu spät. Amazon wohnt ja demnächst auch bei uns zuhause: *Amazon Echo* heißt das Wundergerät, das zunächst unter dem Namen *Alexa* eingeführt wurde, natürlich mit passender App für Ihr Smartphone. Alexa kann alles: Musik spielen, online einkaufen, das Licht ein- und ausschalten und etliches mehr. Das alles nur per Sprachbefehl. Ich finde es aber ein bisschen *spooky*, dass die Echo-Alexa dementsprechend auch alles hört und – zumindest vorübergehend – aufzeichnet, was in der Wohnung gesprochen wird. *Nachtigall, ick hör dir trapsen!*

Abgeschreckt von der Amazon-Krake? Kein Problem, es gibt sie wirklich, die Anti-Amazon-App: Unter dem Namen Shopkick zu finden, registriert diese App Ihre persönlichen Besuche in den angeschlossenen Geschäften. Mit jedem Besuch einer dieser Filialen sammeln Sie Punkte, auch wenn Sie nichts kaufen. Diese Punkte können Sie später als Rabatte einsetzen. Einen kleinen Haken gibt es an der Sache: Die App existiert nur noch in den USA, in Deutschland wurde sie nach zwei erfolglosen Jahren wieder vom Markt genommen.

Wer jetzt denkt, dass Amazon der einzige große Gewinner des Onlineshoppings sei, hat sich geirrt. Die Lieferungen kommen zwar von Amazon, Rewe, Zalando oder wie sie alle heißen, aber dazwischen hängen immer noch die Deutsche Post, Hermes oder dpd. Egal, wo Sie bestellen, und das ist ja inzwischen überall möglich, die Pakete müssen ja ausgeliefert werden, und das wird von einem Paketdienst gemacht, der natürlich mit jedem verschickten Paket Geld verdient. Und nicht nur die Waren von Amazon und Co. muss ein Paketdienst ausliefern, es gibt ja auch noch die Dinge, die man privat verschickt. Auch die bei Ebay gekauften Sachen werden meistens per Paket geschickt. Dank des florierenden Onlinehandels sind es die Paketdienste, die jährlich massive Sprünge in Umsatz und Gewinn machen, zumal sie ihren Gewinn aus Prinzip nicht mit ihren Fahrern teilen. Da ist der Umsatzrückgang durch nicht mehr verschickte Postkarten doch zu verschmerzen, oder?

Wie faul sind wir wirklich?

Nun aber zurück zu meiner Hauptfrage, ob uns das Smartphone faul gemacht hat: Ja, ganz klar hat es uns faul gemacht. Wir müssen eigentlich nur noch vor die Tür gehen, um zu arbeiten, um das Geld zu verdienen, das wir bei der nächsten Onlinebestellung wieder ausgeben und um die Mülltonnen an den Straßenrand zu stellen, damit die leeren Kartons und Verpackungen abgeholt werden. Wie Sie sehen, ist es ein kleiner Teufelskreis: Wir bestellen alles online, weil wir keine Zeit mehr haben, um in die Stadt zu gehen – weil wir so viel arbeiten, dass uns dafür die Zeit fehlt. Und wir melden uns dann noch im Fitnessstudio an, weil uns die Zeit fehlt, um uns draußen zu bewegen.

Ich habe da eine ganz verrückte Idee: Gehen Sie doch einfach mal wieder selbst einkaufen, dann können Sie das Sportstudio kündigen und sich die nötige Bewegung in der Innenstadt holen. Und das Geld, das Sie durch die Kündigung vom Sportstudio sparen, können Sie in der Innenstadt ausgeben. Damit unterstützen Sie die kleinen Geschäfte von nebenan, zum Beispiel den Buchhändler um die Ecke, der sich für Sie jeden Samstag die Beine in den Bauch steht, um dieses Buch hier an die Frau und den Mann zu bringen. Ihr Smartphone hat garantiert eine Menge Tipps, welche Läden einen Besuch wert sind.

Fundstück #22
»Hab mein Handy gesucht.«
»Hast du es wieder?«
»Schreibe ich dir per Brieftaube?«

Macht uns das Smartphone dumm?

Ja. Ja. Ja. Okay, das ist meine *subjektive* Einschätzung, aber seien Sie mal ehrlich zu sich selbst: Wann haben Sie das letzte Mal ein Lexikon in der Hand gehabt und ganz normal etwas nachgeschlagen? Ich wette, es ist ewig her, und vermutlich haben Sie auch kein Lexikon mehr im Regal. Kein Drama, ich auch nicht. Das führt aber dazu, dass wir uns heutzutage überhaupt nichts mehr merken, weil wir ja stets unsere kleinen Freunde, die Smartphones mitsamt dem Wissen der Menschheit – also dem Internet – dabeihaben. Schlag nach bei Google!

Ich will niemandem zu nahe treten, aber es stimmt schon: Wir beziehen den Großteil unseres Wissens aus dem Internet. Also tendieren wir auch schnell dazu, die vielen Halbwahrheiten zu glauben und nachzuplappern, die sich im Internet angesammelt haben. Zugegeben, es wird uns auch nicht leichtgemacht, Alternativen für die Informationsbeschaffung zu finden. Netflix sendet keine Nachrichten und das Radio haben wir ja auch gegen Spotify ausgetauscht. Also landen wir bei den Apps der Tageszeitungen und Nachrichtensender – und bei deren Social-Media-Kanälen, wo sich das Grauen manifestiert: Die Facebook-Seiten der großen Tageszeitungen sind das beste Beispiel. Da wird ein Artikel über irgendein politisches Thema veröffentlicht und prompt finden Sie unzählige Anfeindungen von Besserwissern, die Zeitung und ihre Redaktion wird als »Lügenpresse« verunglimpft. Warum? Nur, weil der Artikel nicht unbedingt die Meinung jedes Lesers trifft? Weil auf irgendeiner Verschwörungs-Seite im Internet etwas anderes zu lesen war? Bei einem Artikel über neugeborene Tierbabys im Zoo von Leipzig gibt es diese Auswüchse eher selten, das Thema muss natürlich ein Aufreger sein und das Zeug zu einer Verschwörungstheorie haben. Und dann gipfelt die Auseinandersetzung in der Aussage: »Den

Medien kann man nicht glauben, die sind alle verlogen und ge-kauft.« Meist folgt dann noch der Hinweis: von ganz, ganz oben. Also, wenn nicht aus den Medien, woher sollen wir sonst In-formationen bekommen? Wenn ich den Medien nichts mehr glaube, dann gibt es logischerweise auf der Welt keinen Krieg, keinen Terror oder Hungersnöte, keine Arbeitslosigkeit – kurz, alles ist für jeden super, denn die Medien lügen schließlich. Für Menschen mit dieser Einstellung existieren sicher auch Einhör-ner und lila Kühe *(na, haben Sie schon mal eine lila Kuh gesehen? Denken Sie mal darüber nach, bitte)*.

Prima, jetzt werfen Sie mir vor, dass ich der Meinung bin, alle Medien sagen immer die Wahrheit. Nein, dieser Meinung bin ich natürlich auch nicht. Es gibt seriöse und unseriöse Medien, und mit Letzteren natürlich Falschmeldungen, Übertreibungen, politisch gefärbte Berichterstattungen und so weiter. Aber wir brauchen trotzdem Informationsquellen, an die wir uns halten können. Um sich ein sinnvolles Bild von Geschehnissen zu ma-chen, ist es ratsam, nicht nur einer Zeitung, einem Fernsehsen-der oder einer News-App zu glauben: zwei, drei unterschiedli-che Darstellungen ergeben meist ein vernünftiges Gesamtbild, es müssen ja nicht gleich ellenlange Artikel aus dem *Spiegel* sein, der Newsticker der Tagesschau ist doch schon ein Anfang.

In einen nicht unerheblichen Teil unserer Gesellschaft hat sich das Misstrauen gegenüber den Medien aber unterbewusst eingeschlichen. Viele glauben nichts und niemandem mehr, was sie nicht mit eigenen Augen gesehen haben. Allerdings kann man diese Einstellung schon als Waffe gegen genau diese Menschen einsetzen. Kommentieren Sie doch einmal einen verwirrten Post mit den Worten: »Das glaube ich nicht, das habe ich nicht selbst gesehen.« Das kann der Auftakt für eine herrliche Diskussion sein, über die Sie noch Wochen später werden lachen können.

Es gibt aber noch ganz andere Formen der Dummheit. Schade eigentlich, dass es noch keinen Preis für die dümmsten

Kommentare im Internet gibt, aber vermutlich nur deshalb, weil die Flut der Vorschläge für einen solchen Preis nicht zu bewältigen wäre. Also, ich hätte einen Favoriten für den diesjährigen Preisträger, vielmehr eine Favoritin. Darf ich vorstellen: Anika:

> *An alle jäger die tiere töten um fleisch zu haben schemt euch! geht doch einfach in den laden und kauft euch euer fleisch das dort gemacht wurde ... da werden wenigstens keine tiere getötet!*

Ich habe die Rechtschreibung und Interpunktion so belassen wie im Original-Post. Ich weiß kaum, was ich dazu sagen soll, außer vielleicht: *Hallo? Geht's noch? Wo hast du denn deinen Verstand gelassen? Hattest du zu viel Stromausfall und hast dir dein Hirn raus ... ********?*

Aber Achtung, diese Unterhaltung geht noch weiter, denn auch eine Tina findet:

> *Dein Wort in Gottes Ohr?*

Eines muss man Tina lassen, sie ist zwar inhaltlich genauso verpeilt wie Anika, aber wenigstens beherrscht sie die deutsche Rechtschreibung, man erkennt nur leichte Unsicherheiten im Umgang mit Satzzeichen.

Jetzt mischt sich jemand ein, der in der Lage zu sein scheint, Smartphone und Gehirn gleichzeitig zu benutzen. Der Paul schreibt nämlich:

> *Ihr beide habt ja auch nicht gerade in der Intelligenzkiste geschlafen, oder? Wie kommt denn das Fleisch in die Läden, Anika?*

Ach, den Jungen mag ich. Er beweist, dass es auch bei Facebook noch Menschen gibt, die in der Schule mehr gelernt haben, als ihren Namen zu tanzen. Gut, offenbar wäre Anika nicht Anika, wenn sie nicht versuchen würde, den Paul doch noch von ihrer Theorie zu überzeugen:

> *Das Fleisch wird von denen hergestellt. so müssen keine unschuldigen tiere sterben.*

Ich frage mich, ob es wirklich jemanden gibt, der so denkt? Nun, das meint wohl auch Paul, denn er antwortet noch ein letztes Mal:

> *Lieber Gott, bitte sage mir, dass ich solche Menschen nicht kenne!*

Eine vollkommen nachvollziehbare Bitte. Aber neben der eigentlichen Behauptung von Anika finde ich noch viel schlimmer, dass es noch viel mehr derartig dumme Menschen gibt. Denn immerhin hat Anika mit ihrem Post sechs Leute überzeugt, sechs Personen, die ihr Statement geliked haben. Das waren möglicherweise alles ihre Geschwister, die sich mit ihr ein Gehirn teilen müssen.

Sie finden es jetzt gemein, dass ich mich darüber lustig mache, richtig? Es ist nicht gemein, sowas macht mich sauer. Wozu haben wir eigentlich eine Schulpflicht? Es gibt weltweit so viele Kinder, die sehr gern zur Schule gehen würden, es aber nicht können – und in unseren Breiten scheint es genau andersherum zu sein.

Und wenn Sie der Meinung sind, derlei Posts seien nur Fake, dass es diese Dummheit im Internet gar nicht gibt? Machen Sie sich den Spaß und surfen Sie einen Tag durch Facebook und lesen Sie Posts und Kommentare dazu. Danach kann Sie nichts mehr schocken, das verspreche ich Ihnen. Vielleicht haben uns Smartphones und Internet nicht dümmer gemacht, aber dank der Technik ist diese allgegenwärtige Dummheit für uns alle offensichtlich geworden.

❗ Ratgeber: Schlau werden mit dem Smartphone

1) Es gibt unzählige Apps, mit denen man sein Wissen testen und trainieren kann. Mit *Trekcast* zum Beispiel kann man sein Wissen über alle Generationen von Star Trek testen. Im *Logoquiz* müssen Sie sich beweisen in der Unterscheidung zwischen *McDonald's*-Logo und dem *Nike*-Haken, keine ganz leichte Aufgabe. Oder ganz ultimativ in der App *Unnützes Wissen* Fragen beantworten, wie »Können Fische einen Sonnenbrand bekommen?« Oder: »Darf man beim Sex nach 22 Uhr noch laut *Jippie!* rufen?«

2) Spielen Sie »Stadt, Land, Fluss« gegen Google Maps. Sollten Sie jemals gewinnen, würde ich dringend zu einem IQ-Test raten. Oder zum Gang zum Psychiater.

3) Spielen Sie »Ich sehe was, was du nicht siehst 2.0« mit Ihrem Smartphone. Das geht so: Gründen Sie eine »Ich sehe was, das du nicht siehst«-Gruppe bei WhatsApp und laden Sie Freunde und Bekannte zum Mitspielen ein. Sobald sich drei Personen in der Gruppe befinden, können Sie beginnen. Einer muss Fernsehen schauen, der Zweite guckt ein YouTube-Video und der Dritte spielt *Candy Crush*. Wenn alle damit fertig sind, haben alle etwas gesehen, was die jeweils anderen nicht gesehen haben und das Spiel ist beendet.

Dabei werden Sie zwar nicht schlau, aber hey, zumindest habe ich Sie damit jetzt echt mal beschäftigt.

Fundstück #23

Irgendwann kam es in Mode, Kinder für jeden Scheiß zu loben.
Und jetzt denken alle 20-Jährigen, sie seien die Geilsten,
weil sie kacken können.

Der Neue Wortschatz

Wenn Sie generationenübergreifend chatten und posten, wird Ihnen dieses Phänomen ziemlich schnell begegnen: Der neue eigene Wortschatz der nachfolgenden Generation. Jeder hat viele dieser seltsamen Wörter, Abkürzungen und Ausdrücke schon mal irgendwo gehört, aber *ahnen* Sie nur die tatsächliche Bedeutung oder *wissen* Sie wirklich, was Ihr Gegenüber da gerade meint?

Ja, auch ich und meine Freunde benutzten früher Wörter, die von Erwachsenen nicht verstanden wurden, und das war auch gut so. Aber ich muss einsehen, dass ich mit zarten dreiunddreißig Jahren endgültig als Erwachsener durchgehe und genauso wie der Ochs vorm Berg stehe, wenn ich einen Begriff wie »Bambusleitung« höre.

Als ich dieses Wort zum ersten Mal gehört habe, dachte ich zunächst an Japan. Mir stand ein Bild vor Augen, wie eine entlegene Stadt mit Wasser oder vielleicht auch Strom versorgt wird über eine Leitung, die aus großen, langen Bambusrohren besteht. Natürlich lag ich komplett daneben. Ich war mit diesem Gedanken noch nicht einmal auf dem richtigen Kontinent. Und es ist viel einfacher, als Sie denken: Es ist schlicht und einfach der Begriff für eine schlechte Internetverbindung. Als ich ein Kind war, hatten wir überhaupt keine Internetverbindung, wir hätten uns über eine schlechte Internetverbindung gefreut – heute unterscheiden die Kids also Highspeed-Access von Bambusleitungen.

Machen wir doch mal ein kleines Quiz, kennen Sie die richtige Antwort?

1	Vollpfostenantenne	A	Handy-Sendemast
		B	Autoantenne mit Fuchsschwanz
		C	Selfie-Stick

Sind Sie von allein drauf gekommen? Nein? Es handelt sich um den Selfie-Stick. Wie bescheuert dieses Teil ist, haben wir ja schon weiter vorn ausführlich besprochen. Ich könnte mich immer noch darüber aufregen, aber inzwischen eher über die Tatsache, dass mir diese Erfindung nicht selbst eingefallen ist. Mir oder den Mitarbeitern im Patentamt, die sich schließlich bei jeder neuen Patentanmeldung ärgern müssten, dass sie nicht drauf gekommen sind und inzwischen steinreich sein könnten.

Machen wir weiter mit den wunderbaren, neuen Wörtern, die sich die Kids ausdenken:

2	Overcut	A	Überbiss
		B	Halbglatze
		C	Baseballkappe

Der *Overcut*. Nicht das Wort an sich ist seltsam, sondern die Frage, wozu Kids dieses Wort brauchen. Haben Sie schon mal einen Jugendlichen mit einem Overcut gesehen? Bei älteren Männern ist das nichts Ungewöhnliches, aber bei Zwölfjährigen? Wozu brauchen die Kids ein Wort für Halbglatze?

3	Googleschreiber	A	Jemand, der mit einem Edding auf den Bildschirm schreibt
		B	Jemand, der komplette URLs in Google einträgt
		C	Smartphone-Eingabestift

Wussten Sie auf Anhieb, was ein *Googleschreiber* ist? Ich kenne Google und ich kenne das Wort Kugelschreiber. Also kombinierte ich: Es ist jemand, der ein Suchwort bei Google mit Kugelschreiber, Edding, Filzstift usw. auf den Bildschirm schreibt. Lachen Sie nicht, sowas gibt es wirklich. Das ist aber kein *Googleschreiber*, auch wenn es logisch klingt. Aber seien Sie ehrlich, kennen Sie Kids und Teens, die logisch denken? Ich könnte ihnen da Sachen erzählen ... ja, und das tue ich in diesem Buch ja auch unentwegt. Also, ein *Googleschreiber* ist jemand, der bei Google nicht nur ein oder zwei Suchwörter eintippt, sondern die ganze URL*-Adresse eintippt. Berechtigte Frage: Wenn ich die komplette Adresse der Internetseite schon kenne, warum suche ich diese Adresse dann überhaupt noch bei Google? Aber viel wichtiger ist doch die Frage: Warum zur Hölle nennt man diejenigen, die das tun, *Googleschreiber*? Kids, seid ihr nicht ausgelastet, habt ihr zu wenig Hausaufgaben auf und denkt euch deshalb neue Worte aus?

4 Cheedo	A	cool
	B	lustig
	C	traurig

Meine Mutter hatte immer schon ein Problem mit dem Wort *cool*. Das kommt, wie jeder wissen dürfte, aus dem Englischen und bedeutet ursprünglich so viel wie *kalt* oder *kühl*. Es ist inzwischen eingedeutscht und hat neue Bedeutungen bekommen, wie beispielsweise toll, geil oder großartig. Den Kids von heute ist cool aber nicht mehr cool genug, also musste ein neues, hippes Wort her. Wer sucht, der findet: Das cool von gestern ist heute *cheedo*.

Inzwischen ist man also uncool, wenn man cool sagt. Sagt man dann überhaupt noch uncool, oder übersetzt man dann auch uncool in uncheedo? Aus welcher Sprache stammt dieses

Wort überhaupt, gibt es diese Sprache überhaupt? Wer zum Kuckuck denkt sich so einen Quatsch aus?

5 Tweef	A	Tanz
	B	Idiot
	C	Streit bei Twitter

Tweef klingt einfach und das ist es auch. Ich wusste mit meinen 33 Jahren sofort, was es bedeutet. Mein Neffe fand das ziemlich blöd, dass ein Erwachsener weiß, was das Wort bedeutet. Das ist sowas von uncheedo. *Tweef* wird einfach aus zwei real existierenden Wörtern zusammengesetzt: Zum einen aus dem englischen Wort *Beef*, das eigentlich *Fleisch* bedeutet, aber schon seit geraumer Zeit bei Jugendlichen *Streit* bedeutet. Der zweite Teil des Wortes stammt von *Twitter*.

Hm, wenn man Beef schon mit Streit übersetzt, zeigt das eigentlich, dass wir Deutschen kein richtiges Englisch mehr lernen, oder ist es einfach cool, oh Verzeihung, ich meine natürlich *cheedo*, Wörter aus dem Englischen zu nehmen, sie einzudeutschen und denen dann völlig andere Bedeutungen zu geben? Läuft hier nicht ein bisschen was falsch? Manche können keinen geraden Satz auf Deutsch schreiben, aber mal eben eine neue Sprache erfinden. Ist klar! Liebe Eltern, es liegt wirklich nicht nur an euch, dass ihr eure Kinder nicht versteht ...

6 Hopfensmoothie	A	Erdbeerbowle
	B	Sangria
	C	Bier

Ja, zugegeben, das war recht einfach. Aber ich frage mich, warum so umständlich? Anstelle der vier Buchstaben B-I-E-R bringt man seinem t9* also lieber ein Wort mit 14 Buchstaben bei. Was mich aber noch mehr irritiert: Wozu brauchen Jugendliche dieses Tarnwort? Ich rede hier ganz klar von Jugendlichen, die meisten sind demnach jünger als 16 Jahre. Warum also haben die ein eigenes Wort für Bier? Ich habe doch mit über 30 Jahren auch kein eigenes Wort für die Pubertät. Ja, gut, man sagt, dass die Pubertät bei Männern erst mit dem Tod endet, aber darum geht es hier nicht.

Die Jugendlichen erfinden also neue Wörter für Sachen, die sie nicht benutzen oder besser gesagt benutzen *dürfen*? Kids, wenn ihr euch heimlich und verbotenerweise zum Biertrinken treffen wollt, dann denkt euch doch bitte etwas anderes aus als *Hopfensmoothie*, das ist so leicht zu durchschauen.

Oder ist die Wahrheit viel erschreckender? Liebevoll wird Bier also *Hopfensmoothie* genannt. Smoothie klingt extrem gesund, klingt nach Gemüse aus dem Mixer. Was hat jetzt bitte ein Bier mit einem Smoothie zu tun? Es kommt weder aus dem Mixer noch ist es aus Gemüse und seine medizinische Wirkung stelle ich zumindest ein wenig infrage. Wenn ich darüber nachdenke, bekomme ich Angst davor, dass diese Menschen später mal meine Rente bezahlen sollen. Ich fange zur Sicherheit mal an zu sparen.

7 Yologamie	A	Enge Freundschaft
	B	Offene Beziehung
	C	Blaumachen

Kommen wir zum letzten und, ganz ehrlich, zum bescheuertsten Wort, das ich jemals gehört habe. Das Wort, soweit es denn überhaupt eines ist, ergibt für mich einfach keinen Sinn. Sowohl in der Bedeutung als auch in der Schreibweise. Ich kann mich immer noch aufregen und mich fragen, wozu ein 12–15-Jähriger so ein Wort braucht: *Yologamie*.

Blaumachen kennt jeder von uns, das würde ja auch noch zu Kids passen, die zur Schule gehen. Aber das hat auch mit *Yolo-*

gamie rein gar nichts zu tun. Bleiben noch *enge Freundschaft* und *offene Beziehung* übrig. Enge Freundschaften gibt es bei Jugendlichen natürlich, aber da haben wir ja bereits gelernt, dass es passende Abkürzungen gibt: BFF*

Yologamie bedeutet also tatsächlich *offene Beziehung*. Wollen Sie bitte selbst darüber kurz nachdenken? Warum haben Jugendliche im Alter zwischen 12 und 15 Jahren ein eigenes Wort für offene Beziehungen? Warum sprechen die überhaupt schon über Beziehungen? Klar, in diesem Alter kommt das Thema natürlich auf, aber ist die Form, wie man eine Beziehung führen kann, tatsächlich der konsequente, nächste Schritt nach der Entdeckung der eigenen Sexualität? Das ist mir total unbegreiflich. Leute, verlauft euch bloß nicht im Tindergarten. Oder bin ich einfach nur altmodisch?

Die jüngste Veränderung im Jugend-Wortschatz ist wiederum dem völlig unnötig gewordenen Abkürzungswahn (oder nennen wir das Kind doch beim wahren Namen: der Faulheit) zuzuschreiben. Denn in immer mehr Texten lese ich neuerdings, dass die Wörter »ein«, »eine« oder »eins« durch die Zahl »1« ersetzt werden. Beispiel gefällig? *Die 1zigartigkeit 1 1horns erkennt man 1mal in s1em Leben.*

 Ratgeber: Sprachtraining für das Smartphone

1) 1C – 2B –3B – 4A – 5C – 6C – 7B

2) Nachdem er erfolglos eine Mumien-Hopse angewanzt hatte, wikste er einen Zeichensturm zusammen, um nicht als Allround-Laie dazustehen[1].

3) Kontern Sie dem Jugend-Worterfindungs-Wahn, indem Sie Ihrem t9 vergessene Begriffe beibringen, die garantiert für etliche Fragezeichen über den Köpfen der Angeschriebenen sorgen werden. Kennen Sie (noch) die Bedeutung von

- Wählscheibe[2],
- erkisen[2] (ha, das Wort erkennt noch nicht einmal die Korrektur-funktion von Microsoft Word),
- Bandsalat[2],
- Groschen[2], oder
- Matrizendrucker[2]?

Leider muss ich Ihnen sagen, wenn Sie drei der fünf Wörter kennen, sind Sie vermutlich alt. Aber man muss auch nicht alles glauben, was schwarz auf weiß gedruckt wird. Die Zeitung *Die Welt* veröffentlichte vor einiger Zeit eine Liste mit »ausgestorbenen Wörtern«, darunter auch das Wort »Sendeschluss«. Liebe Kollegen von der Redaktion der *Welt* – ihr alle habt keine Kinder oder keine Fernseher oder beides nicht, richtig? Regelmäßig um 20:00 Uhr sendet der KiKa (Kinder-Kanal) das Standbild mit der Aufschrift »Sendeschluss«. Jeder Siebenjährige weiß, was das ist. Die Kids wollen vermutlich einfach nicht darüber reden, warum sollten sie auch?

[1]Allround-Laie	Totalversager
anwanzen	belauschen
Mumien-Hopse	Ü30-Party
wiksen	etwas aus Wikipedia herauskopieren
Zeichensturm	Buch
[2]Wählscheibe	Vorgänger des Tastentelefons, bei dem man die Zahlen durch Drehen einer Scheibe wählen musste (gibt's auch als App)

187

erkisen	Ja, das ist ein gemeines Wort: Es ist der laut Duden ungebräuchliche Präsens-Aktiv von »erkoren«. Aber sagen Sie mal zu Ihren Kids: Ich erkise dich ... die werden schreiend weglaufen ☺
Bandsalat	Aus der Zeit, als ein Mixed-Tape tatsächlich noch ein Tape, also eine Musikkassette, war. Ein Wirrwarr aus verheddertem Tonband, garantiert ohne Essig und Öl.
Groschen	Das war die 10-Pfennig-Münze aus DM-Zeiten. DM ist in dem Fall keine Drogerie, sondern die deutsche Währung vor Einführung des Euro. Und wenn ein Groschen fällt, haben wir nicht etwa Geld verloren, sondern sind zu einer überfälligen Erkenntnis gelangt.
Matrizendrucker	Welcome to the Seventies: Das ist der Vorgänger eines Fotokopierers. Generationen von Schülern freuten sich auf Klassenarbeiten und Tests, weil die mit dem Matrizendrucker hergestellten Kopien immer so schön high gemacht haben, da die Kopien über Stunden hinweg Spiritusdämpfe ausdünsteten.

Fundstück #24
Ich glaube, ich bin in den 1990ern hängen geblieben.
Ich grüße Leute noch, wenn ich den Raum betrete.

Sich unterhalten wird überbewertet

Aufgrund unserer allgegenwärtigen Smartphones müssen wir uns eigentlich mit keinem Menschen mehr persönlich unterhalten. Das gilt sogar für Callcenter, deren Haupttätigkeit doch, wie der Name schon sagt, Telefonieren ist. Weit gefehlt: Wenn Sie nicht wollen, müssen Sie nicht mit dem Callcenter-Agenten reden. Sie können mit ihr oder ihm online chatten, Zahlen ins Smartphone eintippen oder wahlweise mit einem Computer sprechen – wobei sich das Sprechen zumeist auch nur auf maximal ein Wort pro Antwort beschränken sollte, weil es den Computer – aber vielleicht auch manchen Anrufer – ansonsten überfordern könnte:

Computer:	*Wo waren Sie gestern Abend?*
Ich:	*Kneipe.*
Computer:	*Was haben Sie dort gemacht?*
Ich:	*Gesoffen.*
Computer:	*Bitte wiederholen, ich verstehe nicht »Giraffen« als Antwort.*
Ich:	*Bier!*
Computer:	*Wählen Sie »1« für Pils, »2« für Kölsch, »3« für Altbier, »4« für Weißbier, »5« für anderes und »6« für weiß ich nicht mehr.*
Ich:	*11144115556*
Computer:	*Wählen Sie »1«, wenn ich Sie mit der Entgiftungszentrale verbinden soll, wählen Sie »2« für die Betty-Ford-Klinik und »3« für einen Lieferanten, der Rollmops anbietet.*

Wir müssen nicht mehr reden. Nicht einmal mit dem Paketboten für den Rollmops, denn inzwischen gibt es ja Packstationen, an die wir das Paket liefern lassen können. Na klar, es kommt auf den einzelnen Job an; als Verkäufer zum Beispiel muss man mit Menschen reden, oder als Fahrkartenkontrolleur bei der Bahn, aber bei einem Bürojob müssen Sie das nicht mehr zwingend.

Wir sollten also als Babys nicht sprechen lernen, es wäre viel sinnvoller, wenn alle schon mit zwei Jahren schreiben könnten. Es wird doch ohnehin kein großer Wert mehr darauf gelegt, sich mit anderen Menschen zu unterhalten, alles passiert elektronisch. Wann haben Sie denn das letzte Mal mit Ihrer Bank gesprochen? Wozu gibt es überhaupt noch Bankfilialen? Es reicht doch, wenn überall Geldautomaten stehen und daneben noch ein Kontoauszugsdrucker für die ganz altmodischen Leute, die vermutlich viel zu viel Platz zuhause haben und es lieben, sich mit staubigen Aktenordnern zu umgeben, anstatt sich ganz einfach die sensiblen Kontodaten per E-Mail zusenden zu lassen und die PDFs* dann einfach in der Cloud* zu speichern. Alles andere machen wir doch auch bereits online, Sie können heutzutage problemlos online einen Kredit beantragen bei Ihrer Bank, nicht mal dazu brauchen wir noch Bankangestellte. Ist das also ein aussterbender Beruf? Na, doch, eines fällt mir ein: Eine Filiale mit einem Bankangestellten darin braucht man unbedingt, wenn man eine Bank *überfallen* will. Dazu muss man zwar auch nicht sprechen, hier reicht ein Zettel mit einem kurzen Überblick der Forderungen und eventueller Konsequenzen, trotzdem ist direkter, zwischenmenschlicher Kontakt vonnöten, oder haben Sie schon mal versucht, eine Bank per WhatsApp zu überfallen?

Eben sprach ich noch davon, dass man als Verkäufer oder auch Kassierer Kundenkontakt hat. Aber wenn ich darüber nachdenke, sehe ich den jüngsten Trend aus den USA auch uns erreichen, der Ihnen sicherlich schon bei einem großen, schwedischen Möbelhaus aufgefallen ist. Dort können Sie selbst in die Rolle des Kassierers schlüpfen und Ihren Einkauf selbst scannen. Wir müssen auch dort eigentlich mit niemandem mehr

sprechen. Wenn meine Mutter, die gelernte Einzelhandelskauf-
frau ist, von früher erzählt, kann ich nur den Kopf schütteln. In
ihrer Ausbildung hatte sie als Fach- und Prüfungsaufgabe »Kun-
dengespräche«. So etwas habe ich schon nicht mehr gelernt, und
wenn Sie mein erstes Buch kennen, wissen Sie, was ich meine,
und wenn Sie das Buch nicht kennen, dann müssen Sie es natürlich unbedingt noch lesen. Es gibt bestimmt auch eine Buch-Ver-
kaufsstelle in Ihrer Nähe, bei der Sie das Buch selbst kassieren
können und die Zahlung per V-Pay mit Ihrem Smartphone abschließen können.

 Ratgeber: Vermeidung von Sprechen im Alltag

1) Leihen Sie sich ein Aquarium und einen Goldfisch und üben Sie gemeinsam *nonverbale Kommunikation*.

2) Nehmen Sie mit Ihrem Smartphone die wichtigsten Antworten des Alltags auf, und spielen diese im Bedarfsfall einfach ab, an-statt selbst zu sprechen: »Ja«, »Nein«, »Bier«.

3) Wenn Sie überraschenderweise von jemandem angesprochen werden, der sich mit Ihnen real unterhalten will, geben Sie die-sem Ihr Smartphone. Unter +49 (0)800 111 0 111 erreichen Sie die Telefon-Seelsorge. Falls Ihnen so etwas öfter passiert, ist es ratsam, die Nummer als Kurzwahl zu speichern.

Fundstück #25
Englisch: Onion Rings
Deutsch: Zwiebel ruft an

Immer erreichbar

Wann haben Sie eigentlich das letzte Mal gedacht: »Ich lasse mein Smartphone zuhause und bin ein paar Tage nicht erreichbar?« Richtig, das ist noch nie passiert, aber keine Sorge, so geht es neunundneunzig Prozent der Menschen in der zivilisierten Welt, und das verbleibende eine Prozent lebt vermutlich in einer Höhle.

Wir sind immer und überall erreichbar. Wenn Sie einen Kumpel anrufen und fragen, was er gerade macht und er Ihnen sagt, dass er gerade Duschen ist, dann fragt man sich zu Recht, was bei ihm falsch läuft. So etwas kommt allerdings öfter vor, als man denkt. Warum sonst gibt es wasserfeste Smartphones? Wir sind so unglaublich abhängig von diesen kleinen – oder dank der sogenannten Tablets auch großen – Dingern.

Wann haben Sie es das letzte Mal geschafft, eine ganze Woche ohne Ihr Smartphone auszukommen? Haben Sie es überhaupt einmal versucht? Und falls ja, warum eigentlich?

Wir *wollen* doch schließlich überall und jederzeit erreichbar sein. Das Smartphone liegt auf dem Nachttisch neben dem Bett. Ihre Entschuldigung: weil Sie es als Wecker nutzen. Da liegt es aber auch beim Sex. Ihre Entschuldigung: weil Sie die Zeit stoppen? Weil es ja einen wichtigen Anruf geben könnte? Weil ein Newsflash reinkommen könnte über einen Pilotenstreik in Ost-Oklahoma? Oder weil Sie einfach total abhängig sind von dem kleinen, vibrierenden Ding!

Es fühlt sich aber auch richtig schlecht an, wenn das Smartphone-Display Ihnen mit seiner hypnotischen Wirkung zuflüstert, dass Sie einen verpassten Anruf, vier offene WhatsApp-Chats, zwei neue Tweets, 21 neue Fotos auf Instagram und elf ungelesene E-Mails im Haupt-Postfach haben. Sie haben natürlich mehrere E-Mail-Adressen, unter anderem eine, die Sie immer für Newsletter-Anmeldungen benutzen und die Newsletter dort sammeln für schlechte Zeiten, falls es mal nichts mehr zu lesen gibt oder so.

Und Sie können nur eines tun, um sich nicht mehr schlecht zu fühlen. Sie rufen zurück, antworten auf die WhatsApp-Nachrichten, betrachten die Bilder und lesen die Tweets und E-Mails, bis alle Zählerstände wieder auf null stehen. Was natürlich nie passieren wird, denn in den zehn Minuten, die Sie zur Abarbeitung dieser offenen Fälle benötigen, werden sich klammheimlich neue Nachrichten über das Handynetz an Sie heranpirschen.

Das ist wie ein Fluch, als wäre das Smartphone von einem bösen Geist, einem Dämon besessen, der seinen Nutzer in den Informations-Wahnsinn treiben will. Um dieser Lage Herr zu werden, gibt es nur eine Möglichkeit: Das geliebte Smartphone muss eben jederzeit verfügbar sein, egal ob beim Schlafen, im Kino, beim romantischen Abendessen und natürlich beim Duschen – vor, während und/oder nach dem Sex, quasi als Smartphone danach.

Nur mit dem stets einsatzbereiten Alleskönner in Griffweite können Sie sicher sein, dass Sie nie wieder existenziell wichtige Nachrichten verpassen, wie die dringend überfällige Aktualisierung zum Status der Scheidung von *Brangelina*, den jünsten Angaben zur Rekorderntе der Maisbauern in Idaho, oder die Nachricht, dass das sehnsüchtig erwartete Update von Farm Heroes endlich verfügbar ist.

 Ratgeber: Richtiger Umgang mit dem Aus-Knopf

1) Überraschung: Es *gibt* einen Ausschalter für das Smartphone. Die Rede ist nicht von der Taste, mit der Sie Ihr Smartphone in den Standby-Modus* schalten, nein, Sie können das Gerät komplett ausschalten. Vermutlich ist Ihnen das noch nie passiert.

Woran erkennen Sie, dass der Aus-Knopf betätigt wurde? Es werden keine Nachrichten auf dem Display angezeigt, das Gerät vibriert und blinkt nicht, Töne gibt es auch nicht von sich. Das Smartphone liegt dann einfach nur so da und wird kalt.

2) Abhilfe: Den Aus-Knopf erneut drücken! Keine Sorge, Sie werden das Gerät nicht in den Dauerschlaf versetzen. Denn wenn das Smartphone ausgeschaltet ist, wird wie von Zauberhand aus dem Aus-Knopf ein Ein-Knopf, mit dem Sie Ihren Liebling zu blinkendem Leben erwecken.

3) Bei so viel Magie, dämonischen Flüchen und vibrierender Besessenheit kann schlussendlich nur ein Exorzismus Abhilfe schaffen. Hier ein Auszug des sogenannten »Römischen Rituals«, der vollständige Text ist natürlich mit Ihrem Smartphone abrufbar:

Exorcismus In Satanam Comunicationes Volatiles

Ita demum te, draco maledicte et omnis legio diabolica. a turre vivorum transmissio, in Spiritu 4G, ab Nokia, qui dilexit mundum: cessa decipere ac insinuant homini per venenum ex illis in aeternum periret; Disputatio desinunt laedere fune libertatem et creare.

QR-Code »Exorzismus«:
Einscannen und Exorzismus durchführen

Fundstück #26
Kinder kann man auch nicht mehr im Wald aussetzen.
Die meisten haben ein Handy mit Navi ...

Was wäre, wenn?

Was wäre, wenn unsere Smartphones, das Internet und die Satelliten ausfallen würden und wir leben müssten wie vor 100 Jahren? Könnten wir überhaupt überleben? Ich gehe davon aus, dass es der Generation meiner Eltern leichter fallen würde, denn die sind mit diesen prähistorischen Umständen bestens vertraut. Meine Generation hätte es schwer, aber auch wir könnten – vermutlich – ohne Internet leben. Nicht besonders gut, aber es würde gehen.

Doch was ist mit der Generation nach mir? Um es auf den Punkt zu bringen: **Sie wären verloren, für immer!** Die Kids wissen doch gar nicht, wie ein Leben ohne die allgegenwärtige Präsenz des Internets ist. Sie wüssten nicht, was sie machen sollten. Sie wüssten nicht, dass man in der Zeitung wegen eines Jobs schauen kann, und wenn sie das wüssten, würden sie nie zur Arbeit kommen, denn die Navigationsgeräte funktionieren nicht mehr und sie wissen einfach nicht, wie man den Fahrplan der Straßenbahn liest. Sie würden es also vermutlich nicht mal zum Bewerbungsgespräch schaffen, weil doch inzwischen jeder weiß, dass die Generation 2000 ein wenig verkorkst ist. Sie wird ja nicht umsonst »Generation Doof« genannt! Wenn alle Netze lahmgelegt wären, würde ich ins tiefste Afrika oder ins australische Outback reisen, dort wäre dann alles noch »wie immer«. Doof nur, dass kein Flugzeug starten könnte, weil es ja keine Satelliten-Navigation mehr gibt.

So unwahrscheinlich ist dieser Ausfall übrigens gar nicht. Im Moment geht einmal wieder durch die Medien, dass ein bestimmter Telefonanbieter seit nunmehr 16 Stunden eine massive Störung hat und die überbezahlten Mitarbeiter in ihren magentafarbigen Anzügen des Bonner Unternehmens nicht die Spur einer Idee haben, woher die Störung kommen könnte. Das

Schlimme ist: Die Kunden der Telekom möchten sich furchtbar gerne beschweren, aber wie soll das gehen ohne Telefon, Handynetz und Internet ... schon ein Teufelskreis. Welche Alternativen gäbe es? Brieftauben? Morsezeichen? Flaschenpost? Oder würden sie zu archaischen Methoden greifen, schließlich geht es ums Internet, da sind alle Mittel recht, und es mit Rauchzeichen versuchen? Mein Tipp: Das Feuer für die Rauchzeichen am besten vom Dach einer Telefonzelle anzünden, da schwingt der Widerstand gleich mit im Subtext der Rauchzeichen.

Kurz vor dem Jahr 2000 griff der Wahn um sich, dass pünktlich zum Jahreswechsel alle Computer abschmieren. Die Y2K*-Krise wurde das genannt. Die Entwickler der Computer hatten den elektronischen Helferlein offenbar nur beigebracht, bis 1.999 zu zählen und fürchteten, die Computer würden den Freitod wählen, also sich selbst zerstören, weil die Computer in einer Daseins-Krise zu versinken drohten, da es ja nach 1.999 nur noch das große Nichts gab.

Gut, die meisten Rechner haben den Jahrtausendwechsel weitgehend unbeschadet überstanden, der ein oder andere hat einen Schwall Sekt abbekommen, hier und da gab es auch Berichte von explodierten Knallfröschen im Gehäuse, aber die meisten PCs, Macs oder Unix-Workstations machten unbeirrt weiter. Zum Glück.

Denn schlimmer als ein Internetausfall wäre eine Welt ganz ohne Computer. Es würde kein Flugzeug fliegen, kein Zug fahren (gut, das wäre der Generation 2000 komplett egal, die wissen ja bekanntlich eh nicht, wann der Zug fährt), und vielleicht schocke ich Sie, aber es würde auch eine ganze Reihe von Autos treffen, die randvoll mit Computertechnik ausgestattet sind. Wofür ist ein Automechaniker da? Nein, der kann vielleicht einen Reifen wechseln, aber wenn der Motor ein Problem hat oder eine Glühbirne nicht mehr glüht, wird der Automechaniker zum Verkuppler. Er stöpselt den Werkstattcomputer an den

Autocomputer und die beiden Computer halten einen Schwatz darüber, welche Zipperlein der Autocomputer an seinem Auto so festgestellt hat. Wenn er nichts feststellt, steht auf dem Bildschirm vom Werkstattcomputer: Keine Diagnose. Der Mechaniker sagt: »Mit Ihrem Auto ist alles in Ordnung«, Sie freuen sich, fahren los und landen im See. Weil die Bremsen versagt haben. Weil der Autocomputer vergessen hat, den Stand der Bremsflüssigkeit zu überprüfen. Kein Wunder, der Werkstattcomputer hatte so viele lustige Storys in petto, da hatten die beiden einfach keine Zeit mehr, um *jetzt echt alles* zu diagnostizieren.

Eine Welt ohne Computer wäre eine Welt ohne *Atemlos, I've been looking for Freedom* und ohne *Da-Da-Da*. Wollen wir das wirklich? Ja, selbst die Musik wird seit den 1980ern fast ausschließlich am Computer gemacht. Es gibt ja kaum noch einen Musiker, der seine Instrumente selbst einspielt. Schalten Sie Ihr Fallobst ein und laden die *Garage-Band*-App. In zwei Minuten haben Sie Ihren ersten Song fertiggestellt. Okay, das wird nie im Leben ein Hit, es sei denn, Sie behaupten, Ihr Schimpanse hätte die Tasten gedrückt (Beweisfoto mit *Photoshop* faken nicht vergessen!). Aber immerhin, Sie haben einen eigenen Song komponiert. Dass in einer Welt ohne Computer auch Smartphones nicht mehr funktionieren, muss ich wohl nicht mehr erwähnen, oder? Damit wäre es das dann auch gewesen mit Ihrer Popstarkarriere.

Was ist, wenn ganz banal der Strom ausfällt? Ja, sowas kann gerade in einer Phase ohne funktionierende Computer schon passieren. Ich erwarte einen deutlichen Anstieg der Geburtenrate neun Monate nach einem Stromausfall. Warum das so ist, ist eine berechtigte Frage. Ist es zu dunkel für Verhütungsmittel, oder funktionieren manche davon nur mit Strom? War das Smartphone leer und keiner konnte nachlesen, was ein *Coitus interruptus* ist und wie er funktioniert – geschweige denn, noch rasch im Onlineratgeber von Dr. Sommer nachzulesen, welche Fragen man sich vorher stellen sollte?

Die wahrscheinlichste Erklärung für die hasenhafte Rammellust bei Stromausfällen ist aber doch die Tatsache, dass sich alle einfach nur beeilen. Wer will denn seinen Partner wirklich nackt sehen, wenn das Licht früher als erwartet wieder angeht ...?

Kein Internet: ein Problem. Keine Computer: noch ein Problem. Stromausfall: wirklich nicht so toll. Aber was wäre, wenn alle drei Szenarien auf einmal zusammenkämen? Der Super-GAU der Generation Smartphone. Mehrere Wochen kein Strom, keine Computer, kein Internet, keine REchtsschriebkorektur. Gute Nacht. Die ganze Welt würde zusammenbrechen. Ich muss gestehen, dass ich *glaube*, zwar ohne Internet und Computer klarkommen zu können, aber keinesfalls ohne Strom. Ich wüsste morgens schon nicht, wie ich meinen Kaffee warm bekommen soll, und ohne Koffein möchte mich wirklich niemand erleben. Richtig böse Terroristen sind ein Scheiß gegen mich auf Koffeinentzug. Wir wären komplett am Arsch.

Jetzt behaupten Sie, so ein kleiner Stromausfall wäre nicht so schlimm, weil wir doch Smartphones haben? Mit Internetzugang und so weiter? Dann verraten Sie mir bitte, welches Wunderwerk an Smartphone Sie haben? Kein Strom heißt: Keine Router, keine funktionierenden Handy-Sendemasten, keine Knöpfe, die in der Magenta-Zentrale gedrückt werden können, die das Internet am Leben erhalten ... Und am schlimmsten: Die Akkus der aktuellen Baureihen halten doch nur mit Mühe und Not vierundzwanzig Stunden durch. Ja klar, Sie können sich ein paar Hundert Power Banks oder aufgeladene Ersatzakkus in den Keller legen, dann kommen Sie damit ein paar Tage länger hin, aber da die meisten Stromausfälle nicht Wochen vorher schriftlich angekündigt werden, müssen Sie stets dafür sorgen, dass die Dinger aufgeladen bleiben. Ihre Fitness freut sich über das tägliche Treppensteigen (Keller runter und zurück) und Ihr Energieversorger über das unerwartete Zusatzeinkommen.

Es bleibt aber der Fakt, dass einer ganz besonders am Arsch ist, wenn es zum ultimativen Stromausfall kommt: Das bin ich!

Sagen Sie mir, wie ich mein Essen bestellen soll ohne Smartphone und ohne Strom? Ich kann mein Lieblingsessen nicht selbst jagen, denn ich habe überhaupt keine Idee, wo Pizza lebt und wie man sie fängt. Ich esse kein Grünzeug und Tieren kann ich auch nichts tun. Oh, Vater im Himmel, ich werde elendig verhungern. Bitte gedulden Sie sich einen Moment, ich gehe mal rasch los, mir ein paar Power Banks besorgen. Bis ich zurück bin, studieren Sie doch bitte die nachfolgenden Tipps.

 Ratgeber: Essen ohne Smartphone

Eigentlich ein Paradoxon, aber in einer alternativen Realität könnte es zu dem Problem kommen, dass man sich ohne Hilfe von Telekommunikation oder Apps ernähren muss, deshalb hier eine Reihe von Vorschlägen:

1) Bereiten Sie ein Papier vor mit der Beschriftung: *Sollte meine tägliche Bestellung nicht wie gewohnt bis 19:00 Uhr bei euch eintreffen, autorisiere ich euch hiermit, mir bis auf Widerruf unaufgefordert jeden Tag jeweils eine 32cm Pizza Salami mit extra Käse (also »wie immer«) und eine Flasche eurer total überteuerten Cola zu liefern.* Diesen Zettel stecken Sie dem Pizza-Liefermädchen (alternative Realität!) bei der nächsten Lieferung zu.

2) Laden Sie sich die App *Mein Garten* hoch und überprüfen Sie, welche Blumen das sein könnten, die um Ihre Wohnung herum wachsen. Drucken Sie sich die Ergebnisse für den Fall der Fälle am besten aus. Denn folgende Pflanzen sind essbar: Geranien, Veilchen, Holunder, Rosen und Kakteen. Da kann man sich doch

eine Zeit lang versorgen. Und die Dornen beziehungsweise Stacheln der Rosen und Kakteen eignen sich hervorragend als Ersatz für Zahnstocher.

3) Klettern Sie auf einen Baum, machen Sie sich ganz, ganz klein und legen Sie sich in oder direkt neben ein Vogelnest. Irgendwann wird Mama-Vogel keine Angst mehr vor Ihnen haben und Sie auch mit Leckereien wie vorverdauten Regenwürmern, Käfern oder Beeren beglücken. Das ist doch eigentlich noch besser, als das Essen nur geliefert zu bekommen!

Fundstück #27
Laut einer Studie von Elitepartner sind 43 Prozent der Deutschen
zufrieden mit ihrem Sexualleben.
Der Rest ist bei Facebook.

Wir sterben aus!

Das Unternehmen TP-Link hat vor ein paar Jahren eine Umfrage gemacht und das Ergebnis ist schlichtweg unglaublich, zeigt es doch, wie abhängig wir uns vom Internet machen. Die einfache Frage lautete: »Auf was könnten Sie eher verzichten? Auf Sex oder auf das Internet?« Befragt wurden Männer im Alter zwischen 18 und 55 Jahren und erstaunliche zwei Drittel gaben an, dass sie lieber eine Woche auf Sex verzichten würden, als nicht im Internet surfen zu können.

Tatsächlich, Sex muss man nicht haben, um zu überleben, das Internet braucht man dafür aber schon: Sie könnten keine Bankgeschäfte mehr erledigen ohne Internet, sich kein Essen liefern lassen, vor allem aber kann man ja seine Sexualpartner nur noch im Internet finden. Das klingt jetzt schon nach einem Teufelskreis: Sie möchten Sex und suchen sich Ihren Partner im Internet. Wenn Sie ihn oder sie gefunden haben, werden Sie aber keinen Sex haben, weil das Internet ja wichtiger ist. Oder so ähnlich. Wie gemein ist das denn? Das ist ja dasselbe Prinzip wie bei den Krankenkassen, Viagra gibt es auf Rezept, eine Brille hingegen nicht. Ergo darf man sich fortpflanzen, darf aber nicht sehen, mit wem. Das ist genau mein Humor.

Es ist nach aktuellen Maßstäben schon erstaunlich, dass sich die Menschen in der Steinzeit überhaupt fortpflanzen konnten, ohne Internet, Viagra, Penisvergrößerung und vor allem ohne Brille. Ich schätze, eine ganze Horde von Archäologen arbeitet an der Auflösung des Rätsels. Aber die sollen schnell machen, denn wenn die Männer weiterhin eher auf Sex verzichten als auf das Internet, dann sterben wir womöglich bald aus.

Andererseits, da gibt es diese App namens *Tinder*, die laut allen möglichen Medienberichten ziemlich erfolgreich sein soll. Das ist doch wieder paradox, ich nutze eine App, nur um etwas zu bekommen, was ich dann aber sowieso nicht nutzen will (gut, das gilt vermutlich für die meisten Apps). Ich würde mir ja noch einreden lassen, dass die Altersangabe der Befragten in der oben genannten Umfrage nicht stimmt, dass nämlich in Wirklichkeit Sechs- bis Zehnjährige befragt wurden, die tatsächlich noch kein gesteigertes Interesse an Sex haben. Oder liegt es einfach daran, dass jede zweite Statistik ohnehin schlichtweg falsch ist?

Hier die häufigste Antwort in der Umfrage, auf was die Männer anstelle des Internets am ehesten verzichten können: Über 90 Prozent der Befragten behaupteten, eher ein ganzes Jahr auf Alkohol verzichten zu können als auf das Internet. Was eindeutig beweist, dass die Umfrage nur ein Fake ist.

 Ratgeber: Statistiken richtig fälschen

1) Beeindrucken Sie Freunde und Bekannte durch schick aufbereitetes Zahlenmaterial. Egal, wen und *ob* Sie überhaupt gefragt haben, behaupten Sie immer, Ihre Zahlen seien repräsentativ. Das funktioniert besonders gut, wenn Sie andere von Ihren Vorzügen überzeugen wollen. So werden Sie der beste Liebhaber (93,6 Prozent aller befragten Sexualpartner bestätigen, dass Sie einen Orgasmus hatten), oder der beste Koch (89,4 Prozent aller Teller, die in den Geschirrspüler gewandert sind, mussten nicht vorher abgespült werden) oder das beste Elternteil der Welt (76,9 Prozent aller biologisch nachweislich zuzuordnenden Kinder kommen immer wieder nach Hause). Nur übertreiben Sie nicht, Zahlen von 100 Prozent und mehr wirken unseriös.

2) Wenn Sie nach der Herkunft des Zahlenmaterials gefragt werden, behaupten Sie, Sie seien in einem vorherigen Leben ein Geistlicher gewesen und die Antworten würden somit unter das Beichtgeheimnis fallen. Ist das aus unterschiedlichen Gründen unglaubwürdig, verweisen Sie auf das Bundesdatenschutzgesetz in

Verbindung mit dem Auskunftsverweigerungsrecht in juristischer Einheit mit dem Zeugenschutzprogramm. Das schindet Eindruck und wird alle weiteren Nachfragen im Keim ersticken.

3) Sollte immer noch jemand an der Wahrhaftigkeit Ihrer Statistik zweifeln, erinnern Sie die Person erneut an Ihre Vergangenheit als Priester und informieren Sie freundlich darüber, dass es für Sie ein Leichtes ist, die Heilige Inquisition einzubestellen.

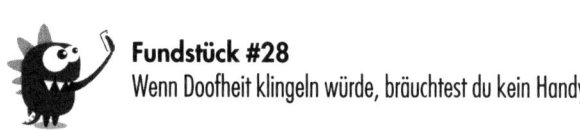

Fundstück #28
Wenn Doofheit klingeln würde, bräuchtest du kein Handy.

Klingeltöne damals und heute

Bei den ersten Handys in den 1990er-Jahren konnte man ziemlich einfach erkennen, *dass* ein Telefon klingelte. Es gab nur ein simples nerviges Signal und jeder wusste sofort: Jawohl, da klingelt eines dieser neumodischen Dinger. Dann irgendwann kamen die Entwickler darauf, dass man aus einer simplen akustischen Benachrichtigung über einen eingehenden Anruf noch viel mehr machen kann, als die Dinger einfach nur klingeln zu lassen.

Die Forscher der großen Mobilkonzerne entdeckten, dass einige Menschen ganz offensichtlich zu viel Geld haben und führten das Prinzip der Jamba-Spar-Abos ein, die ich ja bereits erwähnt habe. So liefen also, genau richtig platziert, nachmittags nach der Schule, nette Werbevideos im Fernsehen, welche die neusten, tollen Klingeltöne anpriesen, die man sich für schlappe Fünfhundert Deutsche Mark pro Woche herunterladen konnte. Ja, das war teuer, aber das war uns egal, denn es ging schließlich darum, jedem in der Schule zu beweisen, dass man den coolsten Klingelton hatte.

Es gab total lustige Sachen wie die singenden Tassen, einfache Furzgeräusche oder der besonders beliebte *bekloppte Frosch auf dem Moped*. So standen wir da im Kreis von zwanzig Leuten an der Straße und hörten dem Klingelton zu. Wir sahen ihn aber leider nie, obwohl wir Tage damit verbracht haben, den Frosch auf dem Moped nur einmal zu erspähen. Klar, wir wären die Ersten gewesen, die diese motorisierte Amphibie jemals live gesehen hätten, irgendwie war uns das auch klar, aber man durfte doch noch träumen, oder?

Der Clip vom Frosch wurde den Jahreszeiten angepasst, es gab eine Sommer-Edition mit Sonnenbrille und eine Winter-Ausgabe mit einem Schal. Und alle meine Freunde sind regelmäßig darauf reingefallen und wir besorgten uns die aktuellste Version. Wir hatten sie alle.

Natürlich konnten wir damals unsere Handys noch nicht an den Computern anschließen, um die Klingeltöne aufs Handy zu spielen, dazu war die Technik noch nicht bereit. Also war es auch beinahe unmöglich, die Klingeltöne mit seinen Freunden zu tauschen. Gut, ganz clevere Leute mit enormem Fachwissen hatten die Funktion *per Bluetooth überspielen* entdeckt, aber solche Menschen kannte ich nur vom Hörensagen und glaubte sowieso nicht, dass das wirklich funktionierte. Wir luden die Klingeltöne also über das Mobilfunknetz herunter, ein Vorgang, der mitunter Stunden dauern konnte, um dann eine 30-Sekunden-Version von *Bring-Bam-Bam-Bam-Bam-Bring-Bring-Määäääähm* usw. zu bekommen. Ach, war das eine geile Zeit!

Also kaufte ich sehr viel im Java-Abo. Es hieß zwar Spar-Abo, aber keiner verstand, wie dieses Abo funktionierte. Wir zahlten etwa fünf DM pro Woche für einen neuen Klingelton, also haben wir im Monat gut und gern zwanzig Mark bezahlt. Da ich wie die meisten meiner Freunde aber immer nur eine Guthabenkarte für fünfzehn Mark im Monat bekommen habe, wurde das schnell zum Teufelskreis, aus dem wir nur rauskamen, wenn wir uns eine neue SIM-Karte kauften und das Abo damit ungültig wurde. Gut, neue SIM-Karte hieß auch neues Jamba-Abo, denn schließlich brauchten wir ja neue Klingeltöne. Und so kam es dazu, dass ich alle drei Monate die Nummer wechselte. Klar, ich konnte damals noch mit meiner Prepaidkarte ins Minus gehen, aber diese Möglichkeit wurde irgendwann abgeschafft, vermutlich gab es einfach noch keinen Peter Zwegat für die *Schuldenfalle Klingelton*.

Die Erfinder der Klingeltöne sind aber auch wirklich extrem kreativ gewesen. *Schnuffel*, der kleine Hase, war echt süß und wickelte sogar die CD-Käufer um den Finger: Schnuffel kam in die Singlecharts! Den Vogel, oder besser gesagt das Krokodil, schoss aber schließlich *Schnappi* ab. Der Krokodil-Song stürmte nicht nur Platz 1 der deutschen Charts, sondern wurde zu einem internationalen Millionen-Seller und brachte mit »Fi-Fa-Ficki« oder »Schnapsi, das kleine Alkodil« auch noch zahlreiche Nachahmer auf den Plan. Und dabei ist die Formel einfach, wir nehmen ein achtjähriges Mädchen und lassen es singen: »Ich bin Schnappi, das kleine Krokodil.« Ja, so fing der Song an, aber ein richtiger Ohrwurm wurde erst der Refrain: »Schni-schna-schnappi, schnappi-schnappi-schnapp.« Also, wenn das nicht ins Ohr geht … Ich frage mich, bei wie vielen Lesern das jetzt auch gerade klappt. Ich werde mal die Charts im Auge behalten, ob sich Schnappi noch mal blicken lässt.

Aber wie so oft bei derlei Klingelton-Chartstürmern blieb Schnappi ein One-Hit-Wonder. Seit dem großen Erfolg habe ich nichts mehr gehört vom kleinen Krokodil, was schade ist, denn eigentlich hätte ich Schnappi gern als alternativen Freizeichenton, nur damit mich die meisten Menschen bitte so selten wie möglich anrufen. Als Gegenvorschlag gäbe es noch Helene Fischer. Andererseits könnte man mich missverstehen und die Anrufer könnten glauben, ich mag diese Songs wirklich. Oder vielleicht gibt es wirklich Menschen, die mich dann andauernd anrufen, nur um auf diesem Weg kostenlos *Atemlos* zu hören. Hm, eine Zwickmühle. Gut, genug über Helene gelästert.

Heute ist es ein Kinderspiel, sein Lieblingslied als Klingelton zu installieren. Es macht nur niemand mehr, denn die meisten Smartphones sind auf Vibration gestellt. Das hat zwei Vorteile: Zum einen sind die Menschen in der Umgebung nicht mehr von irgendwelchen Fröschen auf dem Moped genervt, und den zweiten Vorteil führe ich nicht weiter aus, weil sonst noch der Jugendschutz auf die Idee kommt, dieses Buch hier auf den Index zu setzen. Anders gefragt: Wo bewahren Sie Ihr Smartphone häufig auf, wenn Sie unterwegs sind? Wer braucht denn *eis.de* oder *amorelie.de, Orion* oder *Beate Uhse*, wenn das vollgeladene Smartphone in der Hosentasche vibriert?

Ratgeber: Klingeltöne

Klingeltöne benutzt man hauptsächlich dazu, aufzufallen. Für verschiedene Anlässe sind verschiedene Klingeltöne angebracht, zum Beispiel:

1) Beim Sex benutzen Sie unbedingt den bekloppten Frosch, denn mit *Bring-Bam-Bam-Bam-Bam-Bring-Bring-Määäääähm* bringen Sie Ihren Partner garantiert in Stimmung und nicht mit *Schni-Schna-Schnappi,* das könnte nach hinten losgehen.

2) Beim Meeting mit dem Chef ist die Aufzeichnung von letzter Nacht, die Sie heimlich gemacht haben, nachdem Sie *Bring-Bam-Bam-Bam-Bam-Bring-Bring-Määäääähm* abgespielt hatten, angebracht. Beeindrucken Sie Vorgesetzte und Kollegen damit, was für eine tolle Makrele bzw. für ein toller Hecht Sie sind. Man wird Ihnen ungeteilte Aufmerksamkeit und Bewunderung zuteilwerden lassen.

3) Nach dem Meeting wechseln Sie Ihren Klingelton zum *Schnuf-fel-Song,* weil Sie auf dem Arbeitsamt unbedingte Fürsprache gebrauchen können, und etwas *soooo Süßes* wird den Sachbearbeiter im Amt garantiert auf Ihre Seite ziehen.

Fundstück #29
Erst »Bauer sucht Frau«, jetzt »Wirt sucht Liebe«, was kommt als
Nächstes? »Lagerist sucht Hochstaplerin?«

Liebe übers Internet

Fakt: Es gibt mehr App-Downloads von Pokémon Go als von Tinder. Eigentlich ist alles wie immer, die Jungs finden Mädchen doof und wollen lieber spielen.

Vergessen Sie *Bauer sucht Frau*, vergessen Sie Kandidatin Beate von *Schwiegertochter gesucht*), und am besten vergessen Sie alles, was Sie über das Thema »Liebe« zu wissen glauben.

Früher, also ganz früher, war es für uns alle noch einfach, einen Partner zu finden. In der Steinzeit hat man der Dame der Wahl die Keule über die Rübe gezogen, Sie in seine Höhle geschleift und da blieb sie dann auch. In den folgenden Jahrtausenden wurde es etwas komplizierter, sie mussten wohlformulierte Kontaktanzeigen im örtlichen Lokalblatt aufgeben oder eben ins Fernsehen gehen. Sie konnten Frauen unter anderem auch im Katalog bestellen, ja, genauso wie die Waschmaschine. Okay, einige deutsche Frauen verkaufen sich heute noch über Ebay, aber wir wollen ja nicht über Helena Fürst reden. Die kennen Sie nicht? Dann stöbern Sie sie doch mal bei Ebay ...

Aber heute geht es viel leichter, seine Traumprinzessin oder seinen Traumprinzen zu finden: Benutzen Sie Ihr Smartphone und die ganze Welt steht Ihnen offen. Dank Google-Übersetzer ist es nicht einmal mehr notwendig, dass Sie dieselbe Sprache sprechen wie Ihre Angebetete beziehungsweise Ihr Angebeteter. Alles was Sie brauchen, ist genügend Saft im Smartphone, eine bezahlte Mobilfunkrechnung und einigermaßen guten Empfang. Es ist auch egal, wie Sie aussehen, es gibt so viele tolle Apps, die Sie aussehen lassen wie den ultimativen Traum schmachtender einsamer Herzen.

Es gibt Flirtportale wie Sand am Meer. Dank der sozialen

Netzwerke haben sich etliche Traumpaare gefunden. Denn auch Facebook ist inzwischen ein Flirtportal geworden, ach was, Flirtportal, da geht es um knisternde Erotik der Spitzenklasse. Ein Beispiel gefällig? Folgender Gedankenaustausch ist einer Freundin von mir kürzlich bei Facebook untergekommen:

Typ: Hi
Freundin: Kennt man sich? (Ja, so reagiere ich auch immer)
Typ: Ne gefälls mir aber
Freundin: Nein danke, kein Interesse
Typ: Hure
Freundin: (schickt einen lachenden Smiley)
Typ: Bitch
Freundin: Ja ja geh weinen
Typ: Verpiss dich du fotze
Schlampe
Freundin: (schickt ihm wieder lachende Smileys)
Typ: kann dich mal durch Vögeln
Kriegst dann ein harten schwanz
Freundin: Süß! Du musst aber nen kleinen Pimmel haben, wenn
    du ne frau direkt beleidigen musst. Herrlich
Typ: HaHa
Wills du gebumst werden
Hehe

An dieser Stelle hat meine Freundin ihre potenzielle Neuereoberung blockiert. Haben Sie beim Lesen gemerkt, wie es zwischen den beiden geknistert hat? Das sprudelt doch nur so vor echten, innigen Gefühlen. Diese gefühlvollen Worte, die beide untereinander ausgetauscht haben, wenn das mal nicht der Beginn einer unglaublich leidenschaftlichen Beziehung war. Als ich meine Freundin fragte, ob denn nun was aus den beiden wird, warf sie mir einen Blick zu, an dem jeder Zweite gestorben wäre.

Aber ganz im Ernst: Wie kommt der Typ darauf, dass man so eine Frau erobert? Da ich auch den Namen des netten Herrn kenne, habe ich schon überlegt, ihn anzuschreiben und zu fragen, wie oft er auf diese Weise beim Erobern Erfolg hatte. Das Geschäft der Flirtportale und Partnerbörsen boomt jedenfalls, jede Seite hat Millionen von Nutzern, wobei nicht ganz klar ist, ob sich die Singles nicht auf allen Seiten anmelden, um die Erfolgschancen zu erhöhen.

Die bekannteste Seite dürfte inzwischen *Parship* sein, was aber nicht daran liegt, dass Parship TV-Werbung macht oder dort besonders viele Singles angemeldet sind, sondern eher daran, dass man mit deren bekloppten Werbeslogan *alle elf Minuten verliebt sich ein Single bei Parship* viel Spaß haben kann:

Der Single, der sich alle elf Minuten bei Parship verliebt hat, hat sich leider abgemeldet.

Es geht aber noch flacher:

Es hat geschneit und ich benutze zwei Schneeschaufeln, ich paar-shippe jetzt.

Schauen wir einmal genauer hin: »Alle elf Minuten verliebt sich ein Single auf Parship.« Fällt Ihnen etwas auf? Ein Single. *Einer!* Nicht zwei ineinander, sondern einer. Hallo? Wie geht das? In wen oder was verliebt der sich? Ist es immer der- oder dieselbe? Da ist meiner Meinung Stalking schon vorprogrammiert. Es gibt ja wirklich viel Dummes in der Werbung, aber dieser Slogan schlägt dem Fass den Boden aus.

Parship ist aber nicht die einzige Partnerbörse, die mit seltsamen Werbeaussagen auf sich aufmerksam macht, sondern auch *Elitepartner.* Auf deren Seite darf man sich nur anmelden, wenn man einen akademischen Abschluss hat. Was soll das denn? Wie soll denn nun bitte ein armes Dienstmädchen einen reichen Arzt finden? So wird das aber nichts mehr mit den Märchen.

Auch ich habe dazu ein Motto: »Ich habe es auf Parship, Tinder und Lovoo versucht, aber etwas wirklich Liebenswertes habe ich erst auf Pizza.de gefunden.« Das passt perfekt zu mir.

Noch vor ein paar Jahren hat sich niemand getraut, öffentlich zuzugeben, dass er seinen Partner im Internet kennengelernt hat, heute ist es doch die Standardantwort von jedem zweiten Paar, das man fragt. Und ich finde das auch nicht schlimm, denn ich bin selbst der Beweis, dass man im Internet auch die große Liebe finden kann: Wir sind seit neun Jahren zusammen und seit vier Jahren verheiratet. Man sieht also, es kann klappen.

Vor ein paar hundert Jahren gab es sowas wie Scheidung noch gar nicht, weil es einfach nicht infrage kam. Heutzutage kommt für viele eine Hochzeit nicht mehr infrage, weil eine Scheidung sehr teuer werden kann. Ich habe mir früher geschworen, dass ich erst heirate, wenn ich das Geld für die Scheidung beisammenhabe. Nun, erstens kommt es anders und zweitens, als man denkt.

Ich habe gestern Parship-Profile für alle meine Socken erstellt, die als Single aus der Waschmaschine kamen ... jetzt bin ich mal gespannt!

 ## Ratgeber: Partnerwahl über das Smartphone

1) Suchen Sie auf jeden Fall eine Partnerin oder einen Partner, der/die mit Ihnen, also Ihrem Smartphone kompatibel ist. Also auf keinen Fall die Betriebssysteme der Koreaner mit denen vom Fallobst zusammenbringen. Das führt schon bei Ihren Smartphones zu schlimmem Streit: *Okay Google, dann sag mir doch mal, wo der Hammer hängt!? – Was willst du denn, Siri, du blöde Kuh ...* usw. Also: Immer schön auf das Gerät des Gegenübers achten, auch die Größe ist entscheidend!

2) Laden Sie sich Apps herunter, mit denen Sie sparen können. Das

sind zum Beispiel Gutschein-Apps von McDonald's, Burger King oder auch Preisvergleichs-Apps wie *Barcoo*. Wenn Sie genug Geld für eine Scheidung beisammenhaben, ich rate dringend zum Zehnfachen Ihres Jahres-Brutto-Einkommens, können Sie das *Wagnis Ehe* in Betracht ziehen. Wenn Sie dann noch jemand will. Nach all den Burgern.

3) Wenn das alles nichts nützt, suchen Sie sich einen Beruf, der garantiert als Nächstes bei den Ehe-Anbahnungsshows im Fernsehen drankommen wird. *Postbote sucht Schlitz, Fuge sucht Maurer oder Proktologin sucht Zäpfchen* sind laut meiner Recherche die nächsten wahrscheinlichen Formate.

Licht an, Trommelwirbel, er betritt den Raum. Die Leser springen auf und applaudieren. Die Freude ist riesig. Er ist endlich da, **der Erklär-bär!**

Nachfolgend erkläre ich Ihnen die wichtigsten Grundbegriffe, die Sie einfach draufhaben müssen, die Sie nachts um drei Uhr aus dem Tiefschlaf gerissen rückwärts aufsagen können müssen, um nicht wie ein Depp dazustehen, wenn die Sprache auf die wunderbare Welt der Smartphones kommt.

Apps

App ist die Abkürzung für Applikation. Ihr Smartphone ist voll davon, ob Sie wollen oder nicht. Hören Sie nicht auf den Duden, denn es handelt sich keinesfalls um eine »aufgenähte Zierde«, seien wir mal ehrlich, zeigen Sie mir die Nähnadel, mit der man ein Jeansherz ans Smartphone nähen kann ...

Eine App ist ein kleines Programm, meist zeigt es sich als Quadrat mit abgerundeten Kanten auf dem Display Ihres Smartphones. Wenn Sie auf das Quadrat drücken, startet das verborgene Programm und führt Sie zu neuen Ufern der Erkenntnis. Seien es Nachrichten, Bilder oder Videos oder kleine Tiere, Süßigkeiten oder Diamanten, die Sie über das Display bugsieren müssen, um sie in Reihen, Spalten oder perfekte Diagonalen zu sortieren, nur, damit die frisch geordneten Pixelwesen unmittelbar danach im Smartphone-Nirwana verschwinden. Bitte fragen Sie an dieser Stelle keinesfalls nach dem Sinn dieser Aktivität. Wer Sinn sucht, tut dies besser nicht auf dem Smartphone. Besser ist, wenn Sie sich beispielsweise an einen direkten oder notfalls auch indirekten Vertreter Ihrer spirituellen Glaubensgemeinschaft wenden, oder einfach in den Zentren von größeren Städten Ausschau nach der Modekette halten. Denn hier und da findet man zwischen C&A und H&M auch einen Sinn (einen Sinn Leffers nämlich).

Das Schöne an vielen Apps ist, Sie können sie auf Ihrem Display immer neu sortieren und arrangieren. Sie können Apps alphabetisch oder zum Beispiel nach Farben gliedern. Einfach draufdrücken und hin- und herbewegen. Manche Systeme lassen auch zu, dass Sie Apps in Gruppen anordnen, damit sie nicht so allein sind. Eine schöne soziale Komponente, die sich die Smartphone-Entwickler haben einfallen lassen.

Bitte benutzen Sie zum Dekorieren Ihrer Apps keinen Applikator, wie Sie ihn aus der Kosmetik kennen. Die Vorstellung, die Facebook-App mit *Smoky Eyes* zu verschönern, ist natürlich verlockend, wird aber die übrigen Apps massiv frustrieren und Sie können schließlich nicht alle Apps schminken.

Für die Herren der Schöpfung: Ein »Applikator im Kontext Kosmetik« ist ein Schminkpinsel.

Falls Sie allerdings vorhaben, Ihr Smartphone mit einem Applikator aus der Damenhygiene zu verschönern, tun Sie sich keinen Zwang an. Die werden allerdings bei eingehenden Anrufen oder Nachrichten nur im Ausnahmefall leuchten oder blinken, wie man es sonst von gängigen Handy-Anhängern kennt.

Für die Herren der Schöpfung: Einen »Applikator aus dem Bereich Damenhygiene« kennen Sie möglicherweise unter dem Begriff Tampon.

Instagram

Wie viel wiegt ein Instagram? Eine absolut berechtigte Frage. Ist ein Instagram eine Maßeinheit, die Sie nicht kennen? Ich kann Sie beruhigen, es handelt sich hierbei um eine App. Immerhin geht es in diesem Buch ums Smartphone beziehungsweise um das Internet und nicht um Mathe. Würde dieses literarische Meisterwerk von Mathematik handeln und von mir verfasst werden, würde es aus einer Seite bestehen, denn ich versage schon bei der Erklärung, warum minus x minus plus ist – ich habe etliche Stunden mit Diskussionen bei meiner Bank verbracht und erklärt, dass ein Kredit, der mit einem zweiten Kredit abgelöst wird, doch unweigerlich zu entsprechendem Guthaben auf meinem Konto führen muss. Die Bank hat das nicht akzeptiert, einer von beiden, die Mathematik oder die Bank, liegen offenbar falsch.

Aber zurück zum Thema: Instagram ist eine App oder besser gesagt ein Netzwerk, in dem man Fotos hochladen kann. Sie denken vermutlich, dass es von solchen Netzwerken sicherlich Hunderte gibt, und ich muss sagen, Sie haben Recht! Es gibt auch noch *Snapchat*, *Flickr* oder *Picasa* und zig andere, die im Prinzip denselben Service anbieten: Einen Ort, an dem man seine Fotos, Selfies und Gehversuche mit Photoshop abladen kann, eine digitale Mülldeponie also. Was macht Instagram also so besonders? Es kommt aus Amerika, und wie ich bereits darlegte, werden alle Apps, die aus den Staaten kommen, zum Erfolg. Genau wie YouTube gibt es auch bei Instagram User, die zu den neuen *Stars* gehören. Sie haben Millionen an Followern (so nennt man die Menschen, die anderen digital hinterherlaufen, oder, wie ich es nenne, *stalken*). Der einzige Unterschied zu YouTube ist, dass sich bei Instagram Menschen versammeln, die offenbar nicht sprechen können. Um bei YouTube erfolgreich zu sein, muss man Videos drehen und Dinge erklären oder zum Beispiel singen. Bei Instagram macht man ein Foto und lädt es einfach hoch. Die Nutzer oder *Follower* hinterlassen dann einfach einen Like.

Es gibt bei Instagram eine extrem erfolgreiche *Gruppe* namens #RICHKIDS. Sie werden es kaum glauben, aber diese Gruppe hat bei Instagram Millionen an Followern, und ich kann es mir und Ihnen nicht erklären, warum. In dieser Gruppe posten reiche Heranwachsende, meist im Alter zwischen 18 und 25 Jahren, was sie sich für tolle Dinge gekauft haben. Was habe ich, was haben Sie davon, wenn wir bei Instagram sehen können, wie *Jayden-Anthony* sich einen Anzug von Gucci kauft? Wenn ich mir eine Hose bei *kik* kaufe und sie poste, interessiert das doch auch keine Sau.

Nutzen Sie Instagram also, wenn Ihre Speicherkarte mal wieder voller Fotos ist, die Sie in einer durchzechten Nacht auf dem Maifest in Oberursel gemacht haben. Anstelle die Dokumente des Alkoholexzesses zu löschen, um den Speicherplatz zurückzugewinnen, schicken Sie die Fotos zur Deponie von Instagram. Wenn Sie Glück haben, bekommen Sie auf dem Weg viele neue digitale Freunde, auch wenn Sie alte, reale Freunde möglicherweise verlieren.

Facebook – oder: »Es ist kompliziert«

Haben Sie gewusst, dass Facebook auch unter www.fressenbuch. de erreichbar ist? Das wussten Sie nicht? Das ist auch gut so, denn das stimmt auch nicht, aber dieses Gerücht ging eine Zeit lang durchs Internet. Facebook wurde eigentlich als Studentennetzwerk gestartet, wird allerdings inzwischen mehr und mehr von der Generation 40+ genutzt. Es gibt sogar einen Hollywoodfilm über die Entstehung, wie viel davon aber wahr ist, kann keiner sagen. Dem inzwischen alleinigen Besitzer Mark Zuckerberg dürfte das aber egal sein, denn er hat mehr Geld mit Facebook verdient, als er jemals ausgeben kann.

Haben Sie gewusst, dass es sogar offizielle *Facebook*-Motti gibt?

Motto 1: Facebook *ermöglicht es dir, mit den Menschen in deinem Leben in Verbindung zu treten und Inhalte mit diesen zu teilen.*

Gott sei Dank und danke Facebook, dass ich endlich wieder mit Menschen in Verbindung treten kann und Inhalte teilen kann. Das fängt schon morgens früh nach dem Aufstehen an: Ich koche eine Kanne Kaffee und kann endlich meinem Partner im Bett posten, dass ich eine Tasse Kaffee übrig habe, bevor die schwarze Brühe wieder total verkocht, wie es in der Zeit vor Facebook sonst immer der Fall war.

Motto 2: Facebook – *Eine offene und vernetzte Welt.*

Das ist doch ein richtig spannendes Motto für einen Onlinedienst, der mit Datenschutz nicht wirklich etwas am Hut hat. Ja natürlich, Datenschutz ist ohnehin sinnlos, denn wenn man einmal irgendwas im Internet gemacht hat, bleiben diese Daten für immer im Netz. Datenschützer sehen das bestimmt anders, aber es gibt ja immer irgendwelche Schlauberger, die alles besser wissen oder anders sehen.

Wenn Sie ein Facebook-Profil erstellen, müssen Sie zunächst all Ihre persönlichen Daten preisgeben. Wann und wo Sie geboren wurden, wo Sie zur Schule gegangen sind, welchen Job Sie haben, wie Ihre Freunde heißen und ob und mit wem Sie in einer Beziehung sind – und natürlich, wie und ob diese Beziehung funktioniert. Denn neben dem Status »Single« kann man noch »Vergeben« oder sogar »Verheiratet« angeben, Sie können aber auch der Welt mitteilen: »Es ist kompliziert.« Wunderbar. Millionen andere User werden sich umgehend anbieten, Ihnen eine digitale Paartherapie zu verpassen, Freunde werden fragen: »Was ist los? Kann man dir helfen?« Und wenn Ihr Partner, natürlich ebenfalls mit einem Facebook-Profil ausgestattet, diese Angabe sieht, gibt es reichlich Raum für Diskussionen. Und keine Bange, Facebook wird dafür sorgen, dass eine Änderung des Beziehungs-Status sofort allen mitgeteilt wird.

Sollten Sie nach den anschließend notwendigen Erklärungen, Entschuldigungen und Anfeindungen die Nase voll haben von Facebook, tja, dann haben Sie leider Pech gehabt. Man kann sich bei Facebook nicht abmelden, sondern höchstens sein Profil *deaktivieren*. Die Daten bleiben bis zum Sankt-Nimmerleins-Tag auf den unterirdischen Servern in der Wüste Nevadas gespeichert, es könnte ja schließlich sein, dass Sie doch noch einmal zurückkommen und dann müssen Sie nicht alle Angaben erneut eingeben. Ein toller Service in einer offenen und vernetzten Welt. Anders ausgedrückt: Willkommen in der *Sozialmedien-Hölle*.

Nach eigenen Angaben ist Facebook das erfolgreichste soziale Netzwerk mit über einer Milliarde Nutzern. Ich hatte zwar zu Beginn dieses Buches angefangen, nachzuzählen, aber ich bin leider erst bei 563.674 angekommen, also muss die Verifizierung bis zum nächsten Buch warten. Es ist nämlich nicht nur so, dass irgendwie jeder einen Facebook-Account hat, sondern jeder hat zwei oder drei Accounts. Das ist natürlich wichtig, wenn es *kompliziert* wird, auf diese Weise kann man unliebsame Diskussionen zumindest einige Zeit vermeiden. Oder man kann Diskussionen anzetteln, dabei aber unerkannt bleiben. Besonders wenn es politisch wird, wie beispielsweise beim Thema Flüchtlingskrise, macht sich ein zweiter Facebook-Account bezahlt. So kann man *seine Meinung äußern*, also hetzen, ohne dass man direkt identifiziert werden kann. Denn es ist noch gar nicht so lange her, dass die BILD-Zeitung eine Titelseite gemacht hat mit ehrlich gesagt ziemlich dämlichen Kommentaren von ausgewählten Facebook-Usern, samt Bild und Profil-Namen. Und aus Angst, dass sie die Nächsten wären, deren Dummheit so öffentlich zur Schau gestellt wird, haben etliche Facebook-Nutzer sogenannte Fake-Profile angelegt, also ihre wahre Identität verschleiert, um der Welt weiterhin unerkannt ihre merkwürdigen Ansichten zugänglich machen zu können.

Neben den Accounts von realen oder zumindest ein bisschen

realen Menschen gibt es bei Facebook auch eine ganze Reihe von Seiten zu Firmen, die ihre Waren oder Dienstleistungen anbieten, es gibt sogar Facebook-Profile von Städten, Ländern, untergegangenen Kontinenten oder Bauwerken: Sind Sie schon mit dem Brandenburger Tor befreundet?

Man kann auch lustige Seiten bei Facebook finden, gut, viele sagen, die Seite der BILD-Zeitung sei eine lustige Seite und das stimmt sicher auch zum Teil. Ich habe die Seite geliked, eigentlich nur um die Kommentare von anderen zu lesen. Da bin ich einer von vielen, denn die BILD hat ja eigentlich keine Likes, nur eine Ansammlung von Facebook-Nutzern, die sich beschweren und die Redaktion anfeinden wollen. Schreibt man diese Menschen an und fragt, warum sie die Seite mit *gefällt mir* markiert haben, kommt regelmäßig dieselbe Ausrede »Ich habe die Seite nicht geliked, einer aus meiner Freundesliste hat den Beitrag kommentiert, und so habe ich das gesehen ...« Bla, bla, bla. Das erinnert mich an die Millionen Menschen, die nie zu McDonald's gehen, und wenn man ihr Auto beim McDrive sieht, wollten die dort nur parken. Gut, und womit verdient die Burger-Bratbude ihr Geld und wie kommt die BILD auf über zwei Millionen Likes? Warum zum Beispiel like ich eine Seite und rege mich dann darüber auf? Mein Leben ist nicht so langweilig, dass ich diese Form von Beschäftigungstherapie nötig habe. Ach und übrigens, es ist gar nicht so sehr die Generation 2000, es sind durchaus ältere Semester, die sich auf diese Art und Weise auslassen. Facebook wurde für Studenten programmiert, von den Normalos genutzt und von der älteren Generation kaputt gemacht. Halten wir fest:

Motto 3: Facebook – *es ist kompliziert.*

Jodel – Der Geheimtipp

Jodel kennen Sie noch nicht? Mit Jodel ist nicht die (für den Alpenraum typische) Gesangstechnik gemeint, bei der hohe und tiefe Töne sehr schnell wechseln. Jodel ist eine Art *Regio-Twitter*, eine Studenten-App, die gerade sehr angesagt ist. Entwickelt wurde sie von dem deutschen Studenten Alessio Avellan Borgmeyer. Im Oktober 2014 wurde Jodel veröffentlicht und zählt inzwischen über eine Million Nutzer. Die App ist nicht nur in Deutschland beliebt, sondern auch in Schweden, Norwegen und der Schweiz.

Der Vorteil an dieser App ist, dass sie vollkommen anonym ist und man sich nicht anmelden muss. Die einzig notwendige Angabe ist der jeweils aktuelle Standort. Denn man kann nur im Umkreis von zehn Kilometern *jodeln*. Welcher Mensch kann schon behaupten, dass er so laut jodeln kann, dass man ihn im Umkreis von zehn Kilometern noch hört?

Wie dereinst bei der SMS oder bei Twitter gibt es eine Beschränkung. Man hat auch maximal 240 Zeichen pro *Jodel* zur Verfügung. Damit hat der Erfinder Vorsorge getroffen, dass die Nutzer nicht gleich ihr halbes Leben auf einmal in eine Nachricht schreiben können. Daneben gibt es noch ein paar Regeln: Es dürfen weder Namen, Adressen noch Telefonnummern gejodelt werden. Derlei Angaben werden sofort entfernt. Bilder mit Gesichtern werden häufig auch umgehend entfernt, genauso wie alte Fotos oder Screenshots.

Das Beste ist aber: Ob ein Jodel gut ist oder nicht, entscheiden die Jodler in der Umgebung, indem sie die Nachricht *down*- oder *upvoten*. Bekommt ein Jodel fünf *Downvotings* oder steht mangels *Upvotings* bei -5, fliegt er raus. Damit ist auf ganz einfache Art und Weise sichergestellt, dass dumme Kommentare,

Beleidigungen oder Schlimmeres keine Chance haben, weil sie gleich *downgevoted* werden. Das macht die App im Gegensatz zu vielen anderen sozialen Netzwerken überaus sympathisch.

Ich selbst bin zwar kein Student, nutze diese App aber trotzdem und habe auch kein schlechtes Gewissen deswegen. Anfangs habe ich gejodelt, um mich schlauer zu fühlen. Heute weiß ich, dass viele Studenten nicht schlauer sind als ich. Zumindest, was Rechtschreibung und Grammatik betrifft. Es gab vor kurzem eine Geschichte aus Rostock, von der ich erst später gehört habe, da ich nicht im Umkreis von zehn Kilometern um Rostock lebe: Eine junge Frau ist seit drei Jahren mit ihrem Freund zusammen und sie hat über Freunde erfahren, dass ihr Freund sich bei Tinder angemeldet hat. Sie legte sich ein Fakeprofil bei Tinder zu und begann mit ihm zu schreiben. Nach ein paar Tagen stand das erste Date bei ihm an. Und dass er sich nicht nur auf einen Kaffee treffen wollte, ist vermutlich allen klar, dafür braucht man kein Tinder-Profil.

Es kam, wie es kommen musste, sie hat die Nummer bis zum Ende mitgespielt und so stand sie am besagten Abend vor seiner Türe. Sie trennten sich noch am selben Abend und es stellte sich außerdem heraus, dass er sie schon öfter betrogen hatte. Die Rostocker Jodelgemeinde stand geschlossen hinter der jungen Frau.

Es gibt aber auch lustige Geschichten bei Jodel, beispielsweise wenn der Sanitäter im Praktikum schreibt, dass er gerade am Einsatzort vergessen wurde. Oder Rainer, der jodelt, dass sein Apfel nach Eistee schmeckt. Ein paar Jodel später kam heraus, dass es sich um einen Pfirsich gehandelt hat.

Wenn man bei Jodel Fotos hochlädt, ist man auf der sicheren Seite, wenn man das Bild einer Katze nimmt, das gibt viele *Upvotes*. Auf Jodel heißt eine Katze aber nicht etwa Katze, sondern *Gadse*, und Hunde sind *Bellgadsen*. Um das zu verstehen, muss mal wohl schon ganz, ganz lange studieren.

Die Jodel-App läuft aktuell wirklich gut, und es ist ziemlich sicher, dass nicht nur Studenten Jodel nutzen. Am Ende wird es sein wie bei Facebook: Entwickelt von und für Studenten, wird die App natürlich auch genutzt von Nicht-Studenten und schließlich von unseren Eltern, die damit das Ende dieses geheimen Zirkels heraufbeschwören. Da bis dahin aber noch ein wenig Zeit ist, kann ich Jodel als Geheimtipp uneingeschränkt empfehlen.

Tinder – Ihr Tinderlein kommet

Tinder ist eine Dating-App. Man meldet sich an, sucht über sein Smartphone nach passenden Gleichgesinnten und die App schlägt einem das Monster in der Nähe vor. Nee, Moment, Tinder ist nicht Pokémon Go, auch wenn es fast dasselbe ist. Ich habe diese App nicht getestet, warum sollte ich das auch tun? Aber wenn man den Einträgen und Posts in den sozialen Netzen Glauben schenken darf, funktioniert Tinder.

Bei Tinder geht es einzig und allein um Sex, knallharte, unverblümte Paarungsrituale zwischen allen denkbaren Geschlechtern. Gut, so viele unterschiedliche Konstellationen gibt es da nicht, also eine recht einfache App, tinderleicht zu bedienen.

Es ist eine App, die einlädt zum Fremdgehen, denn Tinder ist es total egal, wie Ihr Facebook-Beziehungsstatus ist. Gut, es kann sein, dass sich der Status nach mehrfacher Anwendung von Tinder ändert. Meine tatsächlich drängendste Frage bei der Recherche zu Tinder war, wie man auf den Namen kommt. Ich meine, *secret.de* oder *c-date* kann man sich noch herleiten, aber Tinder? Das klingt für mich nach einer App für Kinder, wobei Kinder höchstens die Konsequenz der allumfänglichen Nutzung von Tinder sein dürften. Ob der Erfolg von Tinder etwas mit dem Anstieg der nationalen Geburtenrate zu tun hat, konnte nicht abschließend nachgewiesen werden, aber passen Sie besser trotzdem gut auf, ob, wann und wie Sie Tinder nutzen, es könnte teuer werden.

Likes – für Jäger und Sammler

Früher waren es Briefmarken, Münzen oder Porzellantassen, die wir gesammelt haben, heute sammeln wir *Likes*. Ein Like (sprich »Laik«) ist die Bekundung eines Dritten, dass ihm irgendetwas gefällt, das vornehmlich in einem sozialen Netzwerk gepostet wurde. Facebook hat eine deutsche Version des Likes etabliert, der berühmte *Daumen hoch* kombiniert mit der Aussage *gefällt mir*.

Der Nutzen von Likes ist unterschiedlich. Man kann Kommentare, Bilder oder Videos liken, also *gefällt-miren*, und je mehr Likes man hat, desto toller fühlt sich der Anbieter der Botschaft bis hin zum Größenwahn, dass man dank einer stattlichen Summe Likes ein gefühlter Internetstar ist.

Um dem übergreifenden Sammeltrieb Einhalt zu gebieten, kann man auf diversen Plattformen inzwischen auch *Dislikes* aussprechen, also mitteilen, dass einem jemand oder etwas nicht (mehr) gefällt. Das tut natürlich doppelt weh, neben dem Schmerz des Verlustes muss sich so mancher seine Staralüren wieder abgewöhnen, was mitunter nur durch teure Therapien machbar ist.

Ungekrönte Königin der Dislikes wurde die Deutsche Bibi, die Sie sicherlich von der YouTube-Seite *Bibis Beauty Place* kennen. Sie veröffentlichte einen Song mit dem wegweisenden Titel *How it is* und das dazugehörige Video erreichte innerhalb von 48 Stunden die sagenhafte Zahl von 1,6 Millionen Dislikes – ein Rekord in Deutschland, meinen Glückwunsch, liebe Bibi.

Während ich den Sammeltrieb der analogen Ära noch nachvollziehen kann, bleibe ich beim Sammeln von Likes verwirrt zurück. Haben Sie mal versucht, Ihre *Gefällt mir*-Daumen bei Ebay zu versteigern? Mit Briefmarken hat man deutlich mehr Erfolg.

Twitter – SMS an alle

Ja, der Mensch ist ein Wesen mit einem großen Mitteilungsbedürfnis. Und wenn der kleine, blaue Piepsevogel Ihre Tagesweisheit in die Welt hinauszwitschert, zum Beispiel, dass der Triple Moccachino bei Starbucks auch nicht mehr das ist, was er mal war, fühlen Sie sich doch bestimmt gleich besser, wohl wissend, dass Ihre einundzwanzig Follower, die Sie sich in den letzten acht Jahren mühsam zusammengesammelt haben, das ganz bestimmt und unbedingt wissen wollen.

Twitter ist eine nervige App, zwar haben Sie wie bei der SMS nur 320 Zeichen für einen Tweet (so nennt man eine Piepvogel-Nachricht) zur Verfügung, die Anzahl an Tweets, die Sie schreiben können, ist aber nicht begrenzt, also können Sie jedem auf die Nerven gehen, solange Sie wollen. Und das sind viele, im Jahr 2016 wurden täglich 500 Millionen Tweets versandt, das sind 6.000 Tweets pro Sekunde. Wenn man alle Tweets eines Tages in ein Buch drucken würde, hätte das Buch zehn Millionen Seiten. Hallo Welt, geht's noch? Wer kann und will so viel Zeug lesen?

Es gibt tatsächlich viele, die das wollen, das kann man an der Anzahl an Antworten auf Tweets messen, den sogenannten Re-Tweets. Ein getwittertes Foto der amerikanischen Talkmasterin Ellen DeGeneres erreichte die bis heute ungeschlagene Menge von fast dreieinhalb Millionen Re-Tweets.

Ich gebe zu, es ist einfacher, seine Meinung über Twitter kundzutun, als sie erst umständlich auf ein T-Shirt zu drucken und damit möglichst überall herumzulaufen – aber irgendwie finde ich die App überfordernd, wie bitte soll ich aus den Millionen Tweets und Re-Tweets denn die für mich gerade relevante Information herausfiltern, nämlich, dass Lidl heute Tiefkühlpizza im Angebot hat?

Hashtag – die legale Droge

Ein Tag voller Hasch, wie wäre das für Sie? Berauscht vom Cannabis, das THC schlängelt sich durch Ihre Venen und lässt die Welt wie einen friedlichen Ort erscheinen? Nichts da, Drogen sind illegal und so bauen wir vor diese Gedanken einen Zaun, nämlich diesen hier: #

ist ein *Hash*, einfach nur die englische Bezeichnung für das Doppelkreuz-Symbol. Vielleicht kennen Sie das aus der Musik, genauer gesagt aus der Notenschrift. Das Doppelkreuz erhöht eine Note um einen Halbton. Soziologisch betrachtet wird die Note dadurch wichtiger, weil sie über den anderen steht.

Mit *Tag* ist nicht etwa die Zeiteinheit von 0.00 bis 24.00 Uhr gemeint, sondern auch dieses Wort stammt aus dem Englischen und heißt so viel wie *Schildchen* oder *Etikett*.

Fügen wir die Teile zusammen, erhalten wir ein *hohes Schild*, also eines, das man zum Beispiel beim Autofahren nur aus großen Autos, Bussen oder vom Fahrersitz eines LKW aus sieht, womit es vorrangig auch nur relevant ist für LKW- oder Busfahrer.

Sollten Sie keinen dieser Berufe ausüben, können Sie diese Erklärung auch gleich überspringen. Für alle übrigen, höhergestellten Berufsgruppen aus der transportierenden Zunft will ich noch kurz ausführen, was es mit dem Hashtag auf sich hat:

Wenn Sie mit Ihrem Smartphone durch das Netz reisen, achten Sie auf Zäune. Sie blockieren möglicherweise Ihren Weg oder leiten Sie, was noch viel schlimmer ist, auf Irrwege, zu komplett anderen Zielen als denen, die Sie eigentlich erreichen wollten.

Sollte es doch einmal so weit kommen und Sie haben sich komplett verirrt: Schalten Sie das Smartphone ab, drehen Sie sich einen Joint und genießen Sie das *Hash* und Sie werden sehen, dass der *Tag* noch ein alternatives Ende für Sie bereithält. Allzeit gute Fahrt!

Das Licht geht aus, und er dreht sich um, um die Bühne zu verlassen. Nun ist er weg. Der Erklärbär ist gegangen.

Fundstück #30
Ich komme aus Ironien, einem kleinen Dorf
am Sarkastischen Meer.

Der richtige Anbieter – Part 1

Heutzutage den richtigen Telefonanbieter zu finden ist nicht so leicht, wie man denkt. Ich habe vor kurzem einen Anbieterwechsel vollzogen und ich rate Ihnen eins: *Tun Sie das nie!!!* Egal, ob Sie zufrieden sind oder nicht, bleiben Sie bitte einfach da, wo Sie sind. Ich fasse meine Leidensgeschichte kurz zusammen: Bei uns zuhause fiel der Festnetzanschluss aus. Ich rief also bei meinem Telefonanbieter an:

»Schönen guten Tag, mein Name ist Klein. Unser Internet- und Festnetzanschluss funktioniert leider nicht.«
»Ja, Sie rufen doch an, dann kann es ja nicht so schlimm sein? Sie können doch noch telefonieren ...«

Toll, die Knallbirne am anderen Ende hatte wohl einen Clown gefrühstückt, aber ich wäre nicht ich, wenn ich darauf keine Antwort hätte:

»Ja, lustig, haben Sie schon mal was vom Handy gehört? Das ist so eine neue Erfindung, man muss nicht mehr mit zwei Dosen an einer Schnur telefonieren. Vielleicht sollten auch Sie umsteigen auf ein Handy?!«

Ich hörte, wie er schluckte, aber nun hatten wir uns beide dumme Antworten gegeben und ich hoffte, dass wir nun normal miteinander reden konnten und er mir bei meinem Problem helfen würde. Gut, falsch gedacht, er sah in seinem System nach und bestätigte, dass unsere Leitung nicht funktionierte. Er sagte, dass er den Fall an die Technikabteilung weitergibt. Die Kollegen würden sich im Laufe des Tages bei mir melden.

Ich wartete also zuhause. Und wartete. Und wartete. Es rief

natürlich niemand an, also griff ich am nächsten Tag wieder zum Smartphone. Die Dame am anderen Ende der Leitung war sehr hilfsbereit und entschuldigte sich sogar bei mir. Sie versprach mir, sich persönlich um alles zu kümmern und bot mir an, mein Datenvolumen auf dem Smartphone zu verdoppeln, bis das Problem gelöst sei. Das nahm ich gerne an, denn ich brauchte ja Zugang zum Internet zuhause. Ich erhielt kurz darauf eine SMS von meinem Anbieter, in der zu lesen stand *»Vielen Dank für Ihre Vertragsverlängerung, sie surfen nun mit doppeltem Datenvolumen und zahlen dafür nur 34,99 Euro im Monat.«*

Bitte was? Ich habe bislang zwanzig Euro gezahlt und nun soll ich fünfzehn mehr zahlen? Etwa dafür, dass mein Anbieter meine Leitung nicht auf die Reihe bekommt? Ich rief also zurück und stornierte den Auftrag, den ich eigentlich gar nicht erteilt hatte. Ich wartete weitere zwei Tage in der Hoffnung, dass sich irgendein Mitarbeiter meines Anbieters meldete und mir etwas zum Stand des Reparaturauftrags sagen konnte, aber ich wartete vergeblich.

Ich rief also ein viertes Mal an, um mich zu erkundigen:

»Klein mein Name, und meine Leitung geht immer noch nicht. Sie wollen sich seit vier Tagen diesbezüglich melden.« Ich war langsam echt angepisst.
»Hat das noch keiner getan?«

Mir schossen hundert Antworten durch den Kopf, wie »Doch, aber ich telefoniere so gern mit Ihrem Callcenter, Sie sind immer so lustig …,« aber ich verkniff es mir und sagte leicht genervt einfach nur:

»Nein, sonst würde ich nicht anrufen.«

Man hörte es klacken in der Leitung. Ich hoffte, dass ich nun endlich Hilfe bekäme, aber falsch gedacht.

»Herr Klein?«

»Ja?«

»Ich sehe, dass Ihre Leitung nicht funktioniert. Wir können da nichts machen, da müssen Sie bei der Telekom anrufen, immerhin gehört denen die Leitung.«

»Bitte was?« Ich traute meinen Ohren nicht. Hatte der das jetzt wirklich gesagt?

»Sie müssen die Telekom anrufen. Die Leitung ist von der Telekom.«

»Ähm, Sie wissen aber schon, dass Sie mein Vertragspartner sind? Ich habe den Vertrag mit Ihnen und nicht mit der Telekom.«

»Das ist mir doch egal. Sie wollen doch telefonieren und surfen, oder?«

Und zack, er legte auf. Ich stand da wie ein Kaninchen vor der Schlange. Eigentlich bin ich ja nicht auf den Mund gefallen, aber in dem Fall ist mir auch nichts mehr eingefallen. Ich war geschockt, was mein Anbieter unter Service verstand. Zu dem Zeitpunkt war ich seit über zehn Jahren Kunde und es gab nie Probleme. Bis jetzt! Ich wusste nicht, was ich tun sollte. Ich entschied, den Damen und Herren noch einmal 24 Stunden Zeit zu geben. Und, Überraschung: Am nächsten Morgen klingelte dann die Telekom an meiner Tür, um nach meiner Leitung zu sehen. Es stellte sich heraus, dass es wohl ein größeres TECHNISCHES Problem gab und die Leitung nicht ohne Weiteres repariert werden konnte. Aber die Telekom wäre nicht die Telekom, wenn sie keine Lösung parat gehabt hätte. Die freundlichen Herren forderten ein Sondereinsatzkommando an und spannten eine quietschgelbe Notleitung quer über die Straße und siehe da, ich hatte wieder Internet und einen funktionierenden Festnetzanschluss. Meine Wut legte sich und ich dachte mir, dass ja jeder mal Fehler machen kann, und ich vergab meinem Telefonanbieter diesen Zwischenfall, eigentlich waren die ja immer nett.

Was ich noch bereuen sollte ...

Denn nur kurze Zeit später mussten wir in eine neue Stadt umziehen, und das bedeutete konsequenterweise einen Festnetzwechsel, wobei wir eigentlich beim alten Anbieter bleiben wollten. Um den Vorgang ins Laufen zu bringen, teilt man dem Anbieter seine Umzugspläne mit, richtig? Leichter gesagt, als getan. Ich versuchte tagelang meinen Anbieter zu erreichen. Ich landete immer in der Warteschleife und hörte ununterbrochen dieselbe Musik. Gut, man kann ja das Smartphone auf Lautsprecher stellen und dann etwas anderes machen, während man wartet. Und man bekommt die Wartezeit angesagt. Das Problem an der Sache war, dass mein Telefonanbieter entweder die Uhr nicht lesen konnte, oder dass diese Ansage nur eine Hinhaltetaktik war. Wenn ich so darüber nachdenke, denke ich, es war Taktik, schließlich konnten die mir ja auch immer sagen, von wann bis wann ich mit wem wie lange telefoniert habe. Oder sollte ich doch rasch mal einen Blick auf meine letzten zweihundert Handyrechnungen werfen?

Wie dem auch sei, zu Beginn des Gesprächs muss man genaue Angaben machen, um mit dem richtigen Mitarbeiter verbunden zu werden. Nachdem ich also meine Handynummer eingegeben hatte, was noch verständlich ist, dann meinen Namen aufs Band gesprochen und meine Kundennummer eingetippt hatte – und das mehrfach, weil ja die Kundennummer nicht mit der Handynummer übereinstimmt, also musste das mehrfach vom System überprüft werden (oder so), durfte ich noch mal von vorn beginnen. Das war der Vorschlag des Computers, der mit mir sprach. Natürlich vertippte ich mich bei den ganzen Zahlen, und weil es keine »zurück«-Funktion gibt, musste ich meine Nummer bestimmt acht- oder zehnmal eintippen. So kann man auch seine

Handynummer lernen. Nach dem elften, dem erfolgreichen Versuch kam schließlich eine Stimme: *»Ich konnte Sie leider nicht zuordnen. Bitte nennen Sie mir Ihr Anliegen.«* Das tat ich auch brav.

»Umzug«, sagte ich laut und deutlich. Dachte ich zumindest.
»Ich habe Sie leider nicht verstanden.«

In dachte kurz über eine wirklich passende Antwort nach, habe aber schnell eingesehen, dass es wenig Zweck hat, mit einem Computer zu streiten. Genauso sinnvoll ist es, einen Grashalm zu streicheln und ihm zu sagen, dass alles nicht so schlimm ist, weil er bestimmt wieder nachwächst, wenn ich ihn mähe.

Ich wiederholte also das Wort *Umzug* noch einmal laut und deutlich und siehe da, »Ich werde Sie mit dem nächsten freien Mitarbeiter verbinden.« *Geht doch*, dachte ich mir, und die ganze Prozedur hatte gerade mal 20 Minuten gedauert.

Jetzt war ich drin: »Herzlich willkommen bei Ihrem Telefonanbieter A, Ihre voraussichtliche Wartezeit beträgt eine Minute.« Warum sagen die mir, wo ich angerufen habe? Gibt es Leute, die diesen ganzen Wahnsinn mitmachen und dann feststellen, dass sie bei der falschen Hotline angerufen haben? Egal, ich sollte also eine Minute warten. Das tat ich auch. Insgesamt sechzig Mal. Da die Wartezeit ja sehr kurz sein sollte, wollte ich mich auch mit nichts anderem beschäftigen, denn eine Minute ist ja schnell vorbei und dann wollte ich auch nicht erst aus dem Nebenzimmer angerannt kommen. Es konnte ja wirklich keiner ahnen, dass es so lange dauert. Es ist aber nicht so, dass nach 60 Minuten ein Mitarbeiter das Gespräch annahm, nein, es kam eine neue Ansage: *»Sie warten immer noch, wir möchten Ihre Zeit nicht weiter verschwenden, rufen Sie bitte später wieder an«*, und zack, fliegt man wieder aus der Leitung. Nur noch mal zum Verständnis: Die Ansage verspricht, dass man nur eine Minute warten muss, aus der Minute wird eine Stunde, und dann wird mir mitgeteilt, dass man meine Zeit nicht verschwenden wolle? Okay, vielleicht gab es zu dieser Zeit tatsächlich mehr Anrufer als üblich, das kann schon mal vorkommen. Und trotzdem, in der Zeit hätte ich auch irgendetwas Sinnvolles machen können, zum Beispiel einer Menge alter Menschen über die Straße helfen, die Welt retten oder was weiß ich. Ich ließ die Zeit vergehen und die Senioren selbst über die Kreuzung laufen und versuchte es einfach später noch mal. Es war dasselbe Spiel. Ich dachte mir, dass vielleicht irgendetwas Besonderes passiert sei, Totalausfall der Callcenter-Leitungen oder etwas in der Art. Also versuchte ich es am nächsten Tag noch einmal. Und noch mal. Und noch mal. Ich versuchte es volle zwei Wochen lang zu jeder Tages- und Nachtzeit, es gab kein Durchkommen, es war immer dasselbe Spiel. Mal überlegen, welche anderen Möglichkeiten gab es noch, mein Anliegen vorzubringen? Ach ja, Telefonanbieter A bietet einen Hilfe-Chat an. Es ist im Prinzip dasselbe wie bei der Hotline, man loggt sich mit seiner Handy- oder Festnetznummer ein und gibt die Kundennummer ein. Dann geht es auch schon los. Denkste!

»Sie befinden sich im Chat mit unserem Mitarbeiter Kevin Richter*, er wird gleich für Sie da sein. Bitte haben Sie einen Moment Geduld.«

Ja, das mache ich doch glatt. Aber auch aus dem Chat fliegt man nach 60 Minuten heraus. Nur, dass niemand schreibt, er möchte meine Zeit nicht weiter in Anspruch nehmen. Aber ich hatte einmal Glück und kam zwei Tage später durch:

»Hallo, mein Name ist Kevin Richter, was kann ich für Sie tun?«

---

* Name vom Autor geändert

Ich überlegte, ob das derselbe Kevin Richter war wie vorgestern, oder ob alle Callcenter-Agenten Kevin Richter hießen? Aber ehrlich, das war mir zu dem Zeitpunkt egal.

»Hallo, mein Name ist Christian Klein, ich ziehe um und möchte gern meinen Festnetzanschluss und so weiter mitnehmen und ummelden.«
»Okay, einen Moment bitte, ich schaue nach.«

Wieder also musste ich warten. Es passierte nichts mehr, das Chat-Fenster blieb leer. Ich bekam keine Antwort. Nach 35 Minuten schrieb ich testweise:

»Hallo, sind Sie noch da?«
»Einen Moment bitte, Herr Klein.«

Ich wartete weiter und weiter, bis ich nach 60 Minuten wieder aus dem Chat flog. Ich war den Tränen nahe. Ich versuchte, nochmals in den Chat zu kommen, aber weiter als bis zum »Hallo, mein Name ist Kevin Richter«-Fenster kam ich leider nicht. Es passierte nichts. Ich wusste jetzt, wenn ich hier und heute durchkäme, würde ich sofort Lotto spielen.

Irgendwann hatte ich die Faxen dicke, schrieb einen schönen Brief und kündigte alle Verträge bei meinem Anbieter. Leider zog ich im September um und mein Festnetzvertrag lief dummerweise noch bis Februar. Nun, da musste ich durch. Raten Sie doch mal, was vier Tage, nachdem ich meine Kündigung losgeschickt hatte, passiert ist? Genau, mein Anbieter rief mich an. Ich erkannte die Nummer und drehte den Spieß erst mal um:

»Hallo und herzlich willkommen bei Christian Klein.«

An diesem Punkt ist es ganz wichtig, darauf zu warten, bis Ihr Gegenüber anfängt zu sprechen.

»Guten Tag, Herr ...«

Ich fiel der Dame ins Wort:

»Sie befinden sich in der Warteschleife, bitte haben Sie einen Moment Geduld. Ihre voraussichtliche Wartezeit beträgt eine Minute.«

Ich legte das Telefon neben das dudelnde Radio und ließ die Dame eine Minute warten. Ich musste eigentlich lachen, aber ich verkniff es mir. Dann nahm ich das Smartphone wieder in die Hand.

»Hallo, Sie wünschen?«
»Haha, sehr witzig, spreche ich mit Christian Klein?«

Der Preis für die dümmste Frage geht an Sie, junge Frau. Das sagte ich aber nicht laut, sondern dachte ich mir nur.

»Ja, hier spricht Christian Klein, und mit wem spreche ich?«

Man muss ja wissen, mit wem man es zu tun hat.

»Mein Name ist Caroline Richter, ich bin von Telefonanbieter A – Wir haben Ihre Kündigung erhalten und ich möchte Ihnen ein unglaubliches Angebot machen.«

Ich war geschockt. Nicht, weil sie mir ein unglaubliches Angebot machen wollte, was zeigte, dass mein Anbieter sich doch für seine Kunden interessiert, nein, ich war total perplex, weil sie auch *Richter* hieß. Ein Zufall? Ich glaube nicht. Ich konnte nicht anders, als dieser Fragestellung auf den Grund zu gehen:

»Arbeiten Sie in einem Familienunternehmen? Heißt Ihr Bruder Kevin? Arbeiten Sie da nur zu zweit?«

Die Erkenntnis war überraschend, aber das erklärte alles. Und Caroline Richter legte auf. Da kam wohl ein wichtigerer Anruf auf Kevins Leitung herein. Ich erhielt ein paar Wochen später einen Brief, der bestätigte, dass meine Kündigung eingegangen war. Ein Telefontechniker würde sich Anfang November bei mir melden, um einen Termin abzusprechen wegen der Freischaltung der Leitung an meiner neuen Adresse. Na gut, geht halt nicht anders. Anrufen wollte ich wegen einer möglichen Vorverlegung des Termins nicht, denn die beiden Mitarbeiter waren bestimmt mit bedeutenderen Themen beschäftigt.

Ich zog um und wartete auf eine Meldung von meinem Noch-Anbieter. Anfang November bekam ich schließlich einen Anruf:

»Guten Tag, Herr Klein. Es geht um den Festnetzanschluss. Wir haben eben mal nachgesehen, und bei Ihnen liegt eine Exklusivleitung des regionalen Anbieters. Da kommen wir leider nicht ran. Was machen wir denn nun?«

Als Erstes fiel mir auf, dass sie keinen Namen nannte. Aber da sie ja wusste, dass ich wusste, dass es eh nur Kevin oder Caroline Richter gab, war diese Formalität natürlich überflüssig. Ich überlegte, was sie eigentlich meinte und fragte:

»Frau Richter, wie meinen Sie das?«
»Wir können Ihre Leitung nicht legen, was sollen wir nun tun?«

»Ähm, tun Sie Ihren Job und bieten Sie mir eine Alternative an?«

»Ja stimmt, das kann ich machen, wir können den Vertrag aus Kulanz frühzeitig beenden. Was halten Sie von dem Vorschlag?«

Stopp, dachte ich mir! Die sind nicht in der Lage, mir eine Leitung zu legen, die sind nicht in der Lage oder einfach unfähig, mir vielleicht mal ein paar Tage oder gar Wochen vor dem Schalttermin mitzuteilen, dass sie es nicht auf die Kette kriegen und kommen mir dann mit *Kulanz*? *Nicht aufregen*, sagte ich mir und meinte nett und freundlich:

»Das können wir machen, aber nur, wenn Sie das Wort *Kulanz* rausnehmen und dafür *Unfähigkeit* reinschreiben.«

Zack, sie legte auf. Ich bekam drei Tage später ein Schreiben, dass mein Anbieter aus Kulanz meinen Vertrag per sofort kündigte. Ich nahm es so hin. Ich war fertig mit diesem Anbieter. Also fürs Erste.

Der richtige Anbieter – Part 2

Ich stand also ohne Festnetz und dem Rest meines Datenvolumens auf dem Telefonanbieter-A-Smartphone da. Gut, dann suchen wir mal einen neuen Anbieter. Ich wollte wieder alles aus einer Hand haben, einfach aus Bequemlichkeit. Das wären dann also zwei Mobilfunkverträge und dazu ein Festnetzanschluss. Das kann ja nicht so schwer sein, dachte ich zumindest. Ich sah eine Fernsehwerbung mit einem großartigen Angebot und rief gleich an, um die Verträge zu machen. Man bekam die Person nicht zu Gesicht, die ganze Abwicklung lief über das Telefon. Also landete ich bei meinem heißgeliebten Computerprogramm:

>>Hallo und herzlich willkommen bei Telefonanbieter B. Was kann ich für Sie tun? Wenn es um einen Vertrag geht dann sagen Sie *Vertrag* ...<<

Super, und ich dachte, ich sage *ein Haus ist toll* oder *lila Rentiere wandern rückwärts*, wenn es um einen Vertrag geht. Aber der Computer war noch nicht fertig.

>>... wenn es um einen Festnetzanschluss geht, sagen Sie *Festnetz*, und wenn es um einen Neuvertrag geht, sagen Sie *Neuvertrag*.<<

Man, waren die kreativ in der Kreativ-Abteilung von Telefonanbieter B. Man hatte sofort das Gefühl, mit richtigen Profis zusammenzuarbeiten. Ja, es ist ein neuer Anbieter, dem gibt man eben eine Chance. Ich sagte also *Neuvertrag*.

>>Ich habe Sie nicht verstanden<<, sagte der Computer zu mir. Was der kann, kann ich auch, dachte ich und erwiderte:
>>Ich habe *Sie* nicht verstanden<<, sagte ich ganz frech, aber der Computer war frecher:
>>Ich habe Sie nicht verstanden<<, war seine unbeirrte Antwort, aber nicht mit mir:
>>Ich habe *Sie* nicht verstanden.<<
>>Ich habe Sie nicht verstanden.<< Nun gab ich auf. Ein Ratschlag: Streiten Sie nie mit einem Computer. Sie ziehen auf jeden Fall den Kürzeren. Kleinlaut nannte ich das Zauberwort erneut:

»Neuvertrag«, flüsterte ich, und siehe da, der Computer hat mich verstanden.

»Ich werde Sie mit einem Mitarbeiter verbinden«, und es klingelte sofort.

Ich bestellte also zwei Handyverträge, die Rufnummernmitnahme und einen Festnetzanschluss. Die Frau auf der anderen Seite der Leitung war wirklich extrem nett, hilfsbereit und vor allem hieß sie nicht Richter. Sie gab mir ihren Namen und ihre direkte Durchwahl, falls es wider Erwarten zu Problemen kommen sollte. Es klang alles so einfach und so unglaubwürdig – und das war es am Ende auch.

Mein alter Mobilfunkvertrag lief noch ein paar Wochen. Ein paar Tage vor Ende des alten Vertrags beschlich mich ein komisches Gefühl, denn ich hatte noch keine SIM-Karten bekommen und auch nichts weiter von Telefonanbieter B gehört. Ich rief also an. An dieser Stelle erspare ich Ihnen den Streit mit dem Sprachcomputer, auch wenn es den natürlich jedes Mal gab. Irgendwann bin ich also schließlich bei einem echten Menschen gelandet und erklärte:

»Ich habe zwei Mobilfunkverträge bei Ihnen und dann noch einen Festnetzanschluss gebucht. Das Ganze läuft ab nächster Woche, und ich habe noch keine SIM-Karten bekommen.«

»Ja, die SIM-Karten werden immer separat verschickt, um Missbrauch auszuschließen. Ich schaue mal nach ...«

Ich wartete und rechnete mit endloser Wartezeit, aber ehe ich mich versah, war die Dame schon wieder bei mir:

»Eine SIM-Karte geht heute noch raus und die andere in den nächsten Tagen. Ich versichere Ihnen, dass die Karten bis zum Vertragsbeginn bei Ihnen sind. Und zum Festnetz sehe ich hier in meinem System, dass sich ein Mitarbeiter in den nächsten Tagen mit Ihnen in Verbindung setzen wird.«

Es klang wie ein Traum und es war tatsächlich auch einer. Ich hatte am anderen Tag eine SIM-Karte im Briefkasten. Nun, eine ist besser als keine, aber die Dame vom Callcenter sagte ja auch, dass es ein paar Tage dauern kann, weil die Karten aus Sicherheitsgründen nicht gleichzeitig versandt wurden. Gut, dann warte ich mal noch ein paar Tage. Aber einen Tag vor dem Ende meines Mobilfunkvertrages wurde ich langsam nervös. Ich brauche doch mein Smartphone. Ich rief noch mal an, um nachzufragen:

»Guten Tag, meine beiden Mobilfunkverträge laufen ab morgen, aber ich habe nur eine Karte bekommen und es sollten zwei sein. Und wegen der Nummernmitnahme habe ich auch noch nichts gehört. Können Sie mir bitte helfen?«
»Moment, ich schaue im Computer mal nach.« Ich wartete nur kurz, sie meldete sich flott zurück:
»Die andere SIM-Karte geht heute Abend raus und von einer Nummernmitnahme steht hier leider nichts.«

Ich stutzte kurz, aber nicht wegen der SIM-Karten, sondern wegen der Rufnummer-Mitnahme, die für mich mindestens genauso wichtig war.

»Okay, ich möchte für beide Mobilfunkverträge meine alten Nummern mitnehmen. Können wir das machen? Wie lang dauert das etwa?«
»Ja, na klar, ich brauche dann Ihre Daten. Also die alte

Telefonnummer und die Kundennummer vom alten Anbieter. Es dauert etwa drei bis vier Wochen.«

Ich gab ihr alles nochmals durch, ich hatte ja keine andere Wahl.
Ich ging am nächsten Tag zum Briefkasten, denn ich wartete ja
immer noch auf eine SIM-Karte. Sie lag nicht im Briefkasten und
ich rief noch mal die Hotline an. Immerhin lief der Vertrag seit
diesem Tag. Ich fragte nach der fehlenden SIM-Karte und bekam
zu hören:

»Die gehen heute Abend raus!«
»Nun, mein Vertrag mit Ihnen läuft aber schon, und ich
habe keine Karte. Ist ja schon irgendwie doof ...«
»Ja«, war das Einzige, was ich zu hören bekam.

Zumindest wusste ich jetzt, dass das Werbeversprechen *Heute
bestellt, morgen da* so gar nicht funktionierte. Jedenfalls bei mir
nicht. Was blieb mir übrig? Ich wartete auf den nächsten Tag,
rannte wieder zum Briefkasten, und hoppla, Überraschung, es
war keine SIM-Karte im Kasten. Ermüdet es Sie, zu lesen, was als
Nächstes passierte? Komisch, mir ging es ganz genau so:

»Guten Tag, mein Name ist Klein und ich warte immer
noch auf meine SIM-Karte. Mein Vertrag bei Ihnen läuft
schon seit ein paar Tagen.«
»Oh, das ist ja doof.«
»Ach wirklich? Danke für den Hinweis.«
»Ich sehe aber, dass die heute Abend rausgeht!«
»Ähm, und ich höre seit drei Tagen, dass die Karte *heute
Abend rausgeht*. Kann ich mich darauf verlassen?«
»Wenn die Kollegen Ihnen schon gesagt haben, dass die
Karte heute rausgeht, müssen Sie nicht jeden Tag anru-
fen.«

250

»Was? Ist das Ihr Ernst? Mir wird jeden Tag gesagt, dass die Karte am Abend rausgeht, wenn ich anrufe. Man hat mir nicht gesagt, dass sie *heute* rausgeht. Sie geht jeden Tag abends raus, wenn ich anrufe. Ich frage mich, ob die arme kleine SIM-Karte den Ausgang allein nicht findet und vielleicht meine Hilfe braucht. Stellen Sie sich vor, wie die kleine SIM-Karte allein durch Ihr Riesenlager irrt auf der Suche nach dem Ausgang!?« Und bevor Sie fragen: Ja, das musste sein, ich lasse mich nicht gern verarschen.

»Wie gesagt, die Karte geht heute Abend raus.«

Nun, die Hoffnung stirbt bekanntlich zuletzt, dachte ich mir, aber mir fiel noch was ein.

»Klappt das denn mit der Rufnummern-Mitnahme?«

Ich hörte ein leichtes Stöhnen, so als ob ich zu den anstrengenderen Kunden gehören würde.

»Dazu steht hier nichts ...« *Och nööööö, nicht schon wieder,* ging mir durch den Kopf.

»Ich möchte gern meine alte Nummer mitnehmen, also für beide SIM-Karten.«

»Das geht nicht.«

»Was geht nicht?« Ich stand auf dem Schlauch.

»Man kann nur eine Nummer pro SIM-Karte mitnehmen.«

Ich knallte mit dem Kopf auf die Tischplatte vor mir.

»Nennen Sie mir einen Grund, warum ich zwei Mobilfunkverträge machen soll, wenn es am Ende ein und dieselbe Nummer ist?«

»Na, falls Ihr Datenvolumen bei der einen SIM-Karte aufgebraucht ist.«

Das war eine gute und eine wahnsinnig dumme Antwort, aber damit befassen wir uns später.

> »Ich habe natürlich zwei Nummern, weil ich auch bei meinem alten Anbieter zwei Verträge hatte. Was muss ich tun, damit das klappt?«
> »Lassen Sie uns das machen, dann geht es am schnellsten.« Ich musste lachen.
> »Stimmt. Meine zweite SIM-Karte kam so schnell, so schnell konnte ich gar nicht gucken.«
> »Ach, ist sie gerade angekommen?« *Nein, das meint sie nicht ernst, oder?*
> »Sie haben gerade gesagt, dass die Karte heute Abend erst rausgeht, und sie soll nun schon bei mir sein? Finden Sie selbst den Fehler oder soll ich suchen helfen?« Die Dame schwieg, zumindest ein paar Sekunden.
> »Ihre SIM-Karte geht heute Abend raus und die Nummernmitnahme habe ich in Auftrag gegeben. Haben Sie noch einen Wunsch?«
> »Nein danke. Ich bin zufrieden, wenn Sie die beiden Sachen hinbekommen.«

Und zack, knallte sie den Hörer auf die Gabel. Oder drückte den Aus-Knopf oder was auch immer. Kein *auf Wiederhören* oder etwas in der Art. Einfach aufgelegt. Ob mein alter und neuer Anbieter dasselbe Callcenter nutzen? Darüber machte ich mir ja nur kurz Gedanken, denn ich bekam in der Zwischenzeit eine SMS von meinem neuen Anbieter *»Ihre Rufnummernmitnahme wurde von Ihrem alten Anbieter leider abgelehnt. Bitte nehmen Sie Kontakt mit uns auf.«* Ich wusste nicht, ob ich es positiv sehen sollte, denn immerhin hatte eine Sache so halb geklappt.

Ich rief also nun zweimal täglich beim Callcenter an. Morgens, um zu fragen, wann meine SIM-Karte rausgeht und abends, warum es mit der Nummernmitnahme nicht klappt. Es scheint abends mehr los zu sein als morgens, denn ich wartete bereits zwanzig Minuten in der Warteschleife. Dann ging jemand ans Telefon. Ich verspreche, ich schildere das nachfolgende Gespräch nur im Zeitraffer:

»Meine Nummer-Mitnahme hat nicht geklappt, und ich soll mich bei Ihnen melden. Warum klappt das nicht?«
»Ja stimmt, aber den Grund sehe ich nicht, da müssen Sie bitte Ihren alten Anbieter kontaktieren.«

Super, das hätte man auch in die SMS schreiben können, es wären noch 50 Zeichen übrig gewesen.

»Sehen Sie, ob meine SIM-Karte bereits verschickt ist?«
Wenn ich schon abends anrufe, dann kann man ja mal fragen.
»Die ist schon seit einer Woche raus. Haben Sie die noch nicht erhalten? Ich sperre die sofort. Nicht, dass Ihnen noch Kosten entstehen.«

Ich schrie ins Telefon:

»NEINNNNNNN, ich habe zwei Nummern und zwei SIM-Karten. Eine ist angekommen, aber ich warte auf die zweite.« Hätte er mir die funktionierende Karte abgestellt, hätte ich ihn mal persönlich besucht. Wir reden schließlich vom einzig funktionierenden Telefon weit und breit.
»Oh Herr Klein, das war knapp. Ich hätte fast Ihre zweite SIM-Karte gesperrt. Ich sehe, dass Ihre zweite Karte morgen früh rausgeht.«
»Oh, morgen früh? Das ist gut. Wenn ich morgens an-

rufe, wird mir gesagt, dass die Karte abends rausgeht, und wenn ich abends anrufe, wird mir gesagt, dass sie morgens rausgeht.«

Nun, ich warte dann mal noch bis übermorgen. Da man meinen alten Anbieter ja nicht am Telefon erreicht, bin ich mal in den Shop gefahren. Aber dort konnte man mir nicht helfen, ich solle mich telefonisch bei der Hotline melden. Und nein, ich wurde am Ende überrascht: Ich hatte keine Wartezeit, und es war auch alles kein Problem. Ich rief also meinen neuen Anbieter an, um ihm mitzuteilen, dass sie eine neue Anfrage stellen können, weil alles geklärt war.

»Sie können eine neue Anfrage stellen, das klappt auch mit beiden Nummern, hat mir Telefonanbieter A bestätigt.«
»Aber Herr Klein, Sie haben doch nur eine SIM-Karte, wir können nur eine Nummer darauf freischalten.«
»Meinen Sie das ernst? Ich soll morgen meine zweite SIM-Karte bekommen. Ist die denn immer noch nicht raus?«
»Tut mir leid, ich sehe hier keine zweite SIM-Karte. Möchten Sie einen zweiten Vertrag abschließen?«

Das war doch ein Witz? Ich hatte die Faxen dicke.

»Herzlichen Glückwunsch, ich möchte beide Verträge stornieren.«
»Oh, da muss ich Sie verbinden.«

Ja dann mach das, dachte ich mir und – zack – flog ich aus der Leitung. Inzwischen bekam ich eine SMS mit dem Hinweis, dass ich in drei Wochen meine alte Nummer bekäme. Hey, wussten Sie, dass die Rufnummern-Mitnahme 30,– Euro kostet? Das war mir egal. Ich rief also wieder an. Nach 45 Minuten Disput mit dem Computer sprach ich dann mit einem Menschen.

»Klein mein Name. Ich möchte gern meine Mobilfunk-verträge stornieren.«
»Oh, Herr Klein, Sie sind doch gerade erst zu uns gekom-men. Warum wollen Sie denn schon wieder weg?« Die Dame war ziemlich nett und sehr freundlich.
»Weil ich zwei Handyverträge habe, die seit einer Wo-che laufen, und ich habe nur eine SIM-Karte bekommen. Ich habe auch keine Lust mehr, mich vertrösten zu lassen, dass die zweite Karte verschickt wird, denn das höre ich seit einer Woche – jeweils morgens und abends.«
»Das sollte aber nicht so sein. Es tut mir sehr leid, dass Sie so unzufrieden sind. Ich storniere die Verträge. Das kann bis zu 48 Stunden dauern.«

Konnte ich das glauben? Immerhin hatte ich inzwischen eine ganze Reihe von Versprechen und Zusicherungen gehört, die am Ende doch nicht eingehalten wurden. Aber gut, abwarten und Tee trinken.

Dann erhielt ich einen Anruf wegen meines Festnetzan-schlusses, den ich in dem ganzen SIM-Karten-Stress schon total vergessen hatte. Der Anruf zeigte mir, wie gut der Verein arbei-tete und wie klasse ihre Fragen waren:

»Guten Tag, Herr Klein. Wir sollen bei Ihnen einen Fest-netzanschluss legen. Wir haben jetzt das Problem, dass bei Ihnen eine Exklusivleitung eines anderen Anbie-ters liegt. Wir bekommen diese Leitung leider nicht. Ich wollte Sie fragen, ob wir den Vertrag stornieren sollen?«

Ich verstand die Frage nicht so richtig.

»Nur, dass ich es richtig verstehe: Sie können mir hier keine Leitung legen und nun fragen Sie, was wir machen sollen?«

»Ja genau. Sollen wir den Vertrag stornieren?«

Telefonierte ich da eigentlich seit Wochen mit dem Clown-College? Mir blieb nur noch Ironie als letzte Antwortmöglichkeit.

»Nein, stornieren Sie den Auftrag bitte nicht. Ich habe so viel Geld, dass ich gern für einen Telefonanschluss zahle, den Sie mir nicht anbieten können.« Ich hörte, wie die Callcenter-Dame anfing zu stottern.

»D-d-das war jetzt ein Witz von Ihnen, oder?«

»Ja natürlich. Meinen Sie wirklich, dass ich für etwas zahle, das Sie mir nicht bieten können? Was, bitte, soll so ein Angebot?«

Herrgott, hätte man die Intelligenz nicht gleichmäßiger verteilen können? Wer schult diese Callcenter-Agenten? Bekommen die überhaupt Schulungen? Ich weiß ja, die Callcenter-Agenten sind im Grunde die Letzten, die etwas für die groben Fehler im System können, andererseits sind sie nun mal das Aushängeschild der Mobilfunkfirmen und müssen wohl oder übel mit der Kritik leben.

Gut, jetzt war ich auch fertig mit Telefonanbieter B und war auf der Suche nach einer Alternative. Ich hatte jetzt noch genau 48 Stunden Zeit, um einen Anbieter zu finden, ansonsten wäre ich trotz schickem Smartphone unerreichbar und komplett ohne Internet.

Das nachfolgende Kapitel findet in Echtzeit statt. Alles, was Sie lesen, geschieht in genau den beschriebenen Minuten. Mein Name ist Christian Klein, ich bin Agent der CTU, der Callcenter-Terrorisierungs-Untergrundgruppe.

Mein Land braucht mich. Also, auf in den heroischen Kampf, um einen Telefonanbieter zu finden. Ich rechnete mit allem und wurde total überrascht und vor allem mal wieder total enttäuscht. Damit hätte ich nie im Leben gerechnet. Ich ging ganz normal zu einem Shop, wie man die zu Hunderten in unserem Land findet und ich ließ mich beraten. Der Herr am Schalter war extrem freundlich und sympathisch und die Bestellung von zwei Mobilfunkverträgen und einem Festnetzanschluss klappte vollkommen reibungslos. Ich war sprachlos. Ich kam auch noch ein paar Rätseln auf die Spur.

So bekam ich dank meines neuen Anbieters heraus, dass bei uns zwar tatsächlich eine Leitung liegt, die erstaunlicherweise nicht der Telekom gehörte, aber dass dies keinesfalls eine Exklusivleitung war. Der lokale Anbieter verlangte fünf Euro monatlich für die Nutzung dieser Leitung, ein Aufschlag, der an die Kunden weitergegeben wurde. Somit klärten sich die Schwierigkeiten auf, die Telefonanbieter A und Telefonanbieter B mit der Festnetzleitung hatten. Denn die beiden Anbieter versprachen in ihrer Werbung eindeutige Preise, die ohne diesen Regio-Aufschlag gerechnet waren und somit war das System schlichtweg überfordert, die Leitung anzubieten. Also lassen sie den Kunden lieber ziehen, als ihn über das Problem aufzuklären und ihn zu fragen, ob er vielleicht bereit sei, den Aufschlag zu zahlen. Tja, werte Damen und Herren von Telefonanbieter B und Telefonanbieter A, ich wäre bei gutem Service mehr als nur bereit gewesen dafür, wie ich das bei meinem neuen Anbieter nämlich auch bin. Ich bin jetzt bei Telefonanbieter C und kann sagen, dass alle vorgegebenen Termine auch eingehalten wurden, die SIM-Karten konnte ich gleich im Laden mitnehmen und das Festnetz wurde wie vereinbart installiert, ganz ohne Probleme.

Ich habe also nach Monaten der Hilflosigkeit einen neuen Anbieter gefunden, der mir genau das bietet, was ich wollte, und sogar noch mehr. Als Neukunde habe ich sogar einen Aktionsrabatt erhalten, bei dem man drei Monate keine Grundgebühr zahlen muss. Ich für meinen Teil wurde am Ende positiv überrascht. So lange, bis die ersten Abrechnungen kamen. Durch wildes Hin- und Hergebuche von Rabatten, Regio-Aufschlägen und sonstigem Schnickschnack ist leider die Abrechnung jeden Monat falsch, natürlich zu meinen Ungunsten. Also auf in den Shop, reklamieren, Gutschriften mit der übernächsten Rechnung erhalten (denn die nächste Rechnung ist ja längst schon im System), das funktioniert trotzdem nicht, also wieder in den Shop, reklamieren ...

Wenn Sie jetzt sagen *das kenne ich doch auch*, oder wenn Sie sagen *das stimmt doch gar nicht*, verweise ich auf den nachfolgenden, umfangreichen Ratgeber.

Ratgeber: Wie Sie Stress mit Ihrem Mobilfunkanbieter vermeiden

1)	Gehen Sie nicht zu	1&1
2)	Gehen Sie nicht zu	7Smart/ProSieben
3)	Gehen Sie nicht zu	Aldi-Talk
4)	Gehen Sie nicht zu	Ay Yildiz
5)	Gehen Sie nicht zu	Base
6)	Gehen Sie nicht zu	Big Sim
7)	Gehen Sie nicht zu	BILD Connect
8)	Gehen Sie nicht zu	BILD Mobil
9)	Gehen Sie nicht zu	Blau
10)	Gehen Sie nicht zu	Callmobile
11)	Gehen Sie nicht zu	Congstar

12)	Gehen Sie nicht zu	Crash
13)	Gehen Sie nicht zu	Dein Handy
14)	Gehen Sie nicht zu	Deutschlandcom
15)	Gehen Sie nicht zu	Disco Plus / Surf / Tel
16)	Gehen Sie nicht zu	EWE
17)	Gehen Sie nicht zu	fonic
18)	Gehen Sie nicht zu	Freenet Mobile
19)	Gehen Sie nicht zu	Fyve
20)	Gehen Sie nicht zu	Galeria Mobil
21)	Gehen Sie nicht zu	Gethandy
22)	Gehen Sie nicht zu	Goood
23)	Gehen Sie nicht zu	hello Mobil
24)	Gehen Sie nicht zu	Klarmobil
25)	Gehen Sie nicht zu	Lidl Connect
26)	Gehen Sie nicht zu	maXXim / Date
27)	Gehen Sie nicht zu	McSim
28)	Gehen Sie nicht zu	Media Markt
29)	Gehen Sie nicht zu	M-net
30)	Gehen Sie nicht zu	Mobilcom Debitel
31)	Gehen Sie nicht zu	mobinio
32)	Gehen Sie nicht zu	NetCologne
33)	Gehen Sie nicht zu	Netzclub
34)	Gehen Sie nicht zu	n-tv Go!
35)	Gehen Sie nicht zu	o.tel.o
36)	Gehen Sie nicht zu	o2 / E-Plus
37)	Gehen Sie nicht zu	PhoneX
38)	Gehen Sie nicht zu	Preis24
39)	Gehen Sie nicht zu	PremiumSim
40)	Gehen Sie nicht zu	Primamobile
41)	Gehen Sie nicht zu	RTL
42)	Gehen Sie nicht zu	Saturn
43)	Gehen Sie nicht zu	sim.de
44)	Gehen Sie nicht zu	simfinity

45)	Gehen Sie nicht zu	simply
46)	Gehen Sie nicht zu	simyo
47)	Gehen Sie nicht zu	Smartmobil
48)	Gehen Sie nicht zu	Sparhandy
49)	Gehen Sie nicht zu	Sparkabel
50)	Gehen Sie nicht zu	Talkline
51)	Gehen Sie nicht zu	Tarifhaus
52)	Gehen Sie nicht zu	Tchibo
53)	Gehen Sie nicht zu	Tele2
54)	Gehen Sie nicht zu	Telecolumbus
55)	Gehen Sie nicht zu	Telekom
56)	Gehen Sie nicht zu	Unitymedia
57)	Gehen Sie nicht zu	Vodafone
58)	Gehen Sie nicht zu	vybemobile
59)	Gehen Sie nicht zu	web.de
60)	Gehen Sie nicht zu	WhatsApp Sim
61)	Gehen Sie nicht zu	winSim
62)	Gehen Sie nicht zu	yourfone

Sollte hier noch ein Anbieter fehlen, gehört er natürlich auch in die Übersicht. Er hat mich aber nicht dafür bezahlt, ihn namentlich in diesem Buch zu erwähnen.

Fundstück #31
Newsticker:
+++ Apple will Akku bauen, der noch schneller explodiert
als der von Samsung +++

Hilfe, mein Smartphone ist ein Selbstmordattentäter

Wer hätte das in der heutigen Zeit gedacht? Keiner. Unsere Technik ist so rasant fortgeschritten, das musste sich ja irgendwann mal rächen. Wir alle, Sie und ich, wollen so schnell wie möglich immer das neueste Smartphone, das immer mehr kann, schneller, besser, toller ist. Irgendwann musste es ja so kommen, wie es dann kam: Die Erfindung eines Koreaner-Smartphones, mit dem man echtes Feuer machen konnte. *Back to the roots*, zurück zu unseren Wurzeln also, in die Steinzeithöhle, wo die Steinzeitdame immer noch wankend in der Ecke sitzt, belämmert vom Keulenschlag. Wozu braucht man zwei besondere Steine und unendliche Mühe und Geduld, wenn man einfach ein Smartphone unter das Reisig legen kann, ein bisschen wartet und man kurz darauf die Hände über einem knisternden Feuer wärmen kann? Die Smartphones dieser neuesten Generation waren so heiß, die konnten explodieren. Einfach so. Man lud das Gerät gerade auf, und auf einmal machte es peng! Es flog in die Luft. Es passierte aber nicht nur beim Laden, es explodierte auch beim Telefonieren und manchmal sogar beim entspannten Herumliegen.

Anfangs versuchte der Anbieter, die Sache noch so zu erklären, dass die Kunden es falsch benutzten. Ich stellte mir natürlich gleich die Frage, wie man ein Smartphone falsch benutzen kann? Falsch herum halten beim Telefonieren? Gut, ich erklärte ja bereits, wie man ein Smartphone richtig hält, von daher kann es logischerweise jeder auch falsch herum halten. Ich fand die koreanischen Erklärungsversuche aber ziemlich halbherzig: »Ja, unsere Smartphones sind super, die Leute benutzen sie nur falsch ...« So einfach kann man sich das machen, immer schön auf die anderen schieben, gell?

Klar, für die Fallobst-Liebhaber war der explodierende Koreaner ein gefundenes Fressen. Schnell verbreiteten sich Witze im Netz wie *»Der IS hat sich bei den Koreanern 5.000 Smartphones bestellt. Die funktionieren besser als die selbstgebauten Bomben und unterliegen noch nicht den Kriegswaffen-Kontrollgesetzen.«* Geschmacklos, aber lustig.

Diese beiden sich dauernd bekämpfenden Lager, Fallobst und Koreaner, verstehe ich sowieso nicht. Kann nicht einfach jeder das Gerät nehmen, das er am liebsten hat und aufhören, aus der Wahl des Smartphones eine Glaubensfrage zu machen? Wie langweilig wäre es denn, wenn alle das gleiche Smartphone hätten? Konkurrenz belebt bekanntlich das Geschäft.

In den USA war es eine ganze Zeit lang untersagt, diese Smartphones im Flugzeug einzuschalten. Nachdem aber herauskam, dass die Geräte auch explodieren können, wenn sie ausgeschaltet sind, gab es ein komplettes Flugverbot für alle koreanischen Smartphones. Das riecht schon ein wenig nach Rassentrennung, vielleicht sollte man eine Mauer bauen, und nur hinter dieser Mauer dürfen künftig die koreanischen Smartphones benutzt werden?

Gut, das ist alles hypothetisch, denn inzwischen sind diese *Handygranaten unter den Smartphones* komplett vom Markt verschwunden, die Koreaner hatten kein Geld für die Explosions-Schutz-Mauern und haben die Produktreihe zurückgerufen (...) und eingestellt. Und sie haben inzwischen auch zugegeben, dass der Hang zum spektakulären Selbstmord an ihren Smartphones selbst lag. Alles andere wäre aber auch eine echte Überraschung gewesen. Die zurückgerufenen Geräte wurden auf Herz und Nieren getestet, und siehe da, es wurde ein Schuldiger gefunden, und es war kein technisch unbegabter Nutzer. Nein, es waren – Tusch – die Akkus der Geräte, die durch zu starke Überhitzung anfangen zu brennen und schließlich auch kleine Explosionen auslösen konnten. Okay, also die Akkus – es hätten ja auch falsche Stromanbieter schuld sein können, ich meine, im Erfinden von Ausreden und unsinnigen Erklärungen sind die Weltkonzerne immer schon große Meister gewesen.

Aber wenn wir ehrlich sind, ist es doch eigentlich unsere Schuld: Wir wollen immer schnellere Smartphones, die am besten nach einmaligem Aufladen 365 Tage halten. Und das in einer Zeit, in der viele Smartphones nicht einmal 365 Minuten durchhalten und man mit den Geräten im Grunde dauerhaft am Strom hängen muss. *Back to the roots:* Das kabelgebundene Telefon ist wieder da!

Man konnte diese Sonderauflage der koreanischen Smartphones natürlich problemlos umtauschen oder sein Geld zurückverlangen, und die Koreaner haben einen Milliardenschaden davongetragen – den sie bei ihren Umsätzen vermutlich aus der Portokasse bezahlt haben.

Was ich mich frage: Wo seid ihr bei der Produkteinführung gewesen, TÜV, Stiftung Warentest und die Physikalisch-Technische Bundesanstalt? Ich will ja nichts unterstellen, aber kann es sein, dass alle Prüfer gleichzeitig auf einem mehrwöchigen Seminar mit dem Thema *Wie klebt man das CE-Prüfetikett richtig herum an* waren?

! Ratgeber: Wenn Ihr Smartphone suizidgefährdet ist

1) Laden Sie sich die App *Basic** herunter und installieren Sie diese.
2) Starten Sie die App und programmieren Sie das folgende kleine Programm:

```
10 print »Ich werde mich nicht selbst zer-
stoeren.«
20 goto 10
```

3) Ihr Smartphone wird nun bis in die Unendlichkeit, oder zumindest bis der Akku leer ist, ununterbrochen auf das Display schreiben,

dass es sich nicht selbst zerstören wird. Das funktioniert so, wie alte Schulbestrafungen *(schreib 100 Mal »ich werde den Unterricht nicht stören« an die Tafel)* – ein altes, pädagogisches Prinzip: *Festigung durch Wiederholung.* Probieren Sie es aus, Sie werden sehen, es funktioniert!

Fundstück #32 A

Ich habe Siri gefragt: »Was wollen Frauen?« Das war keine gute Idee. Siri redet seit zwanzig Stunden ununterbrochen.

Fundstück #32 B

Er: »Wir fahren in die falsche Richtung.«
Sie: »Das ist mir jetzt egal. Die Erde ist rund, und wir werden ankommen!«

Streit mit dem Smartphone

Männer streiten mit Frauen, Frauen streiten mit Männern, Männer streiten mit Kindern, Kinder streiten mit Männern oder Frauen, Frauen streiten mit Kindern oder Kinder streiten mit Kindern, oder Männer streiten mit Männern oder Frauen streiten mit Frauen, oder, oder, oder. So geht es schon seit Tausenden von Jahren. Seit ein paar Jahren kommt erschwerend hinzu, dass sich Menschen auch mit ihrem Telefon streiten. Im Ausnahmefall streitet sich Ihr Smartphone aber auch mit einem Navigationsgerät im Auto. Wie geht das, fragen Sie sich? Die Technik ist sensibel und möchte genauso wie Sie oder ich liebgehabt werden. Ich fahre viel mit dem Auto, ja auch von A nach B, und habe mir bis vor gut einem Jahr von dem im Auto fest verbauten Navigationsgerät diese wunderschöne Strecke erklären lassen. Irgendwann aber nervte es doch arg, dass Staumeldungen mich immer erst dann erreichten, wenn ich schon inmitten der schönsten Autobahnsperrung gefangen war. Ich brauchte also etwas, das den Schwarmeffekt, die Intelligenz der Massen, nutzt. Ich spreche von den Milliarden Geo-Daten, die Google tagtäglich ungefragt von uns sammelt, um damit vermutlich irgendwann die Weltherrschaft zu übernehmen – bis dahin aber hilft uns diese Datensammlung beim Navigieren durch die Blechlawinen auf den Autobahnen, und zwar besser und effektiver als jedes Jerry oder Tom getaufte Navigationsgerät.

Wie kommt es nun zum Streit? Setzen Sie sich in Ihr Auto und geben Sie ein Ziel ein. Wiederholen Sie diesen Vorgang nun bei Ihrem Smartphone und starten Sie beide Geräte. Jetzt müssen Sie sehr humorlos sein, um heil bei Ihrem Ziel anzukommen, denn Google Maps hat garantiert – wie immer – eine bessere Route parat als Ihr TomTom. Sie müssen sich also bei jeder Kreuzung entscheiden, auf welches Gerät Sie hören, Google will nach links, TomTom nach rechts. Das ist wie bei einem alten Computerspiel in einem düsteren Labyrinth, egal, wie Sie sich entscheiden, hinter jeder Ecke wird ein Monster lauern, und Sie finden auf keinen Fall einen direkten Weg zum Ziel. Mit solchen Spielen, also denen mit dem *TomTom vs. Google Maps*, kann man sich verregnete Wochenenden richtig schön spannend machen. Aber es gibt eine Steigerung. Schalten Sie bei beiden Geräten den Ton an oder lassen Sie das Radio nebenbei laufen. Sie werden Stimmen hören, aber nur allein deshalb müssen Sie noch nicht zum Arzt gehen; wenn es Ihnen zu viel wird, schalten Sie wahlweise eines der Geräte ab.

Wenn Sie ein Navigationsgerät mit Sprachsteuerung haben, ist es der Idealfall. Fahren Sie nun los, warten Sie auf die erste Anweisung und schon kann der Spaß beginnen. Sobald Ihr Navi die erste Richtungsangabe vorschlägt, wird es lustig:

»In 500 Metern rechts abbiegen.« In den meisten Fällen widerspricht das Smartphone dann mit den Worten »Falls du etwas gesagt haben solltest, habe ich das nicht verstanden.« Bei einem Navi mit Sprachsteuerung werden dann beide Geräte anfangen miteinander zu diskutieren.

In den meisten Fällen wiederholt das Navi, was es gesagt hat, und auch das Smartphone mischt sich dann wieder mit seinem Hinweis ein, dass es das Gesagte nicht verstanden hat. Es geht immer so hin und her, bis Sie am Ende Ihre Abfahrt verpassen. Und da zumindest bei mir beide Geräte mit Frauenstimmen bestückt sind, können Sie vermutlich ahnen, dass keine von den beiden nachgeben wird.

Es ist schon ein bisschen gemein, was sich die Industrie ausgedacht hat. Eigentlich muss man einen Knopf drücken oder wenigstens »Okay Google« sagen, damit die Sprachsteuerung anspringt, aber Google ist ja ein lernfähiges Programm und denkt mit, ob anstelle des Wortes *Kegeln* aus dem Radio nicht doch *Google* gemeint war und der Dienst springt einfach so an.

Dabei kommen mitunter richtig tolle Sachen raus. Manchmal beschleicht mich auch das Gefühl, dass Google absichtlich nur jedes zweite Wort versteht, um uns einen Streich zu spielen. Das kann allerdings böse enden, wenn Ihr Freund oder Ihre Freundin zuhause auch ab und zu einen Blick auf Ihren Browser-Verlauf wirft. Das kann sogar zu bösem Krach führen. Ich gebe Ihnen ein kleines Beispiel. Folgende Nachrichtensequenz lief im Radio:

»... kam es zu ziemlichem Trubel [Google springt an], denn es sollen heute heiße 30 Grad werden, da ist nackt rumlaufen noch die beste Kleiderordnung. Kommen wir nun zu den Prominews: Megan Fox spielt im neuen Film von Spielberg eine Nebenrolle ...«

So, und was macht Google daraus? Genau: »Heiße Megan Fox nackt.« So, und jetzt viel Spaß dabei, Ihrem Partner oder Ihrer Partnerin zu erklären, warum Sie diese Suchzeile eingegeben haben.

Ich werde das Gefühl nicht los, dass das alles ein Plan von Google ist, Teil einer großen Verschwörung mit dem Ziel, langjährige Beziehungen zu trennen und die Menschen an Dating-Apps zu verweisen, die vermutlich ohnehin zum Google-Konzern gehören. Schön teure Seiten mit satten Monatsbeiträgen, prima.

Ach, wenn Ihr TomTom und Google Maps jetzt endlich fertig diskutiert haben, können Ihnen die beiden ganz sicher auch dabei helfen, die optimale Location für Ihr nächstes Date zu finden. Und Siri spielt Ihnen dazu lustvoll Smooth-Jazz.

Ratgeber: Lernen von Siri, Google oder auch Amazon-Echo

Die Entwickler der Sprachsteuerung hatten schon lange den Verdacht, dass die Kommunikation mit uns Menschen nicht ganz einfach werden dürfte, vermutlich waren jahrelange Sozialstudien der Ausgangspunkt der Programmierung. Aber somit haben die sprechenden Technik-Helferlein uns eines voraus, sie wissen immer, was man im richtigen Moment sagen muss. Davon können wir nur lernen:

1) Sie: »Meine Mutter kommt uns am Wochenende besuchen, bitte benimm dich diesmal nicht wieder so daneben.«
   Er: »Falls du etwas gesagt haben solltest, habe ich dich nicht verstanden.«

2) Sie: »Hinter der nächsten Querstraße ist der Juwelier, von dem ich dir erzählt habe, der hat diese tolle Kette im Schaufenster ...«
   Er: »Ich kenne eine Route, die trotz des üblichen Verkehrs schneller ist und dich an zwei Sehenswürdigkeiten und drei mit fünf von fünf Sternen bewerteten Restaurants vorbeiführt.«

3) Sie: »Es reicht, ich mache Schluss mit dir, es ist endgültig aus!«
   Er: »Soll ich die Perlenkette für 570,– Euro wieder aus dem Warenkorb löschen?«

Fundstück #33

— Du bist komisch!

— Ich weiß ...

— Nee, nicht so haha-komisch. Mehr so komisch wie der Nachbar, der nachts klingelt, weil sein Aquarium brennt.

Gespräche mit der Generation 2000

Die Kids und Jugendlichen sind ja stolz auf ihr erstes Smartphone und hängen konsequente vierundzwanzig Stunden an den Dingern. Ich und auch viele andere fragen sich sicher, was sie da eigentlich den ganzen lieben langen Tag machen. Ich kann Ihnen versichern, dass sie auf keinen Fall mit Erwachsenen über WhatsApp kommunizieren. Wie Sie inzwischen wissen, habe ich Neffen und eine Nichte mit einem Smartphone, und ich gebe Ihnen einen kurzen Eindruck der Gespräche, die sich zwischen uns entwickelt haben.

Ich korrespondierte im Sommer mit dem älteren Neffen, der für drei Wochen auf Malta war. Bei WhatsApp bekommt man angezeigt, *wenn* er und vor allem *wann* er das letzte Mal online war. Das ist gut für die Eltern und doof für die Kids. Ausreden, wie *mein Akku war alle* oder *ich hatte kein Netz* funktionieren also nicht mehr. Das nur vorneweg. Nun zum ausführlichen Gespräch:

Ich:

»Moin Großer, na alles fit auf Malta? Was treibst Du den ganzen Tag? Wie ist das Wetter?«

Dank der zwei blauen Häkchen hinter meiner Nachricht wusste ich, dass er meine Frage gelesen hatte und ich bekam postwendend, also zwei Stunden später, auch schon eine Antwort. Sie war wahnsinnig ausführlich.

Mein Neffe:

»Jo.«

Was? Welcher meiner drei Fragen galt diese Antwort? Ich bin ja ein netter Onkel und antwortete:

»Danke für das ausführliche Gespräch.«

Er ist ein sehr netter und wohlerzogener Neffe und antwortete:

»Bitte.«

Gut, meine größte Sorge, nämlich dass sein Smartphone kaputt war und er nur noch die Buchstaben J und O zur Verfügung hatte, hatte sich damit zerstreut. Ich konnte also davon ausgehen, dass er auf Malta viel Spaß hatte.

Kinder wären nicht Kinder, wenn sie nicht auch ab und zu Heimweh hätten, und so kam es, dass er sich zwei Tage später von ganz allein meldete, weil er sich nach Hause sehnte. Er schrieb mir dazu:

»Du? Ich habe mal eine Frage. Es ist schrecklich hier. Ich will nach Hause. Kannst Du mir sagen, wie ich wieder nach Hause komme?«

Ich als Vorzeigeonkel wollte natürlich helfen, wo ich konnte. Ich überlegte also gut zwei Stunden, wie ich helfen könnte und antwortete ihm dann sehr ausführlich mit:

»Jo.«

Das fand er nicht so lustig, wie ich eigentlich erhofft hatte. Stattdessen bekam ich eine ziemlich beleidigte Nachricht von ihm:

»Vielen Dank auch für Deine Hilfe.«

Ich hatte ja inzwischen von ihm gelernt, wie man sinnvoll auf solche Nachrichten reagiert und schrieb:

»Bitte.«

So, damit Sie jetzt keinen komplett falschen Eindruck von mir bekommen, hier noch ein paar Worte der Erklärung: Was mein Neffe nicht wusste, war, dass seine Mutter mich gebeten hatte, auf seine Heimweh-Nachrichten nicht weiter einzugehen; er müsse da durch, meinte sie.

Gut, jetzt könnte man meinen, diese großartigen, ausführlichen Gespräche liegen einzig und allein an meinem Neffen, aber dem ist mitnichten so. Ich habe ja schließlich noch eine Nichte, meine Prinzessin, wie ich sie nenne, und bei ihr ist diese Einsilbigkeit ebenfalls genetisch mit WhatsApp kurzgeschlossen.

Meine Prinzessin musste sechs Wochen zu einer Kur, und wie es bei Kindern so ist, haben sie schnell Heimweh. Ja, es war eigentlich dasselbe wie bei meinem Neffen, nur, dass meine Nichte nicht zwei Stunden für ihre Antworten brauchte, sondern zwölf Stunden. Auch ihr schrieb ich ein paar Tage nach Antritt ihrer Kur eine WhatsApp:

»Hey meine Prinzessin, na, alles gut bei dir? Was treibst du den ganzen Tag? Macht es noch Spaß?«

Keine zehn Sekunden, nachdem ich die Nachricht abgesandt hatte, sah ich die zwei blauen Haken und wusste, dass sie die Nachricht gelesen hatte. Es dauerte allerdings zwölf Stunden, bis meine Nichte sich ausführlicher äußerte:

»Ja«, lautete ihre Antwort. Schön, dass sie wenigstens ein gutes, altes deutsches Wort geschrieben hatte. Abschließend sei erwähnt, dass auch meine Prinzessin nach zwei Tagen das Heimweh plagte, ich aber wieder nicht darauf eingehen wollte, also reagierte ich auch genauso wie bei meinem Neffen, nur diesmal mit dem Effekt, dass ich ein »Du bist doof!« von ihr zum Abschluss las.

Aber was lernen wir aus diesen Gesprächen? Wenn Kids etwas wollen, können sie perfekt schreiben, ganze Sätze mit Interpunktion, in einer Sprache, die auch ich noch verstehe. Also mein Tipp an alle Eltern: Wenn Ihre Kinder merkwürdige Jugendsprache, also Formulierungen wie *Jo* oder *was geht* schreiben, antworten Sie einfach, dass Sie diese Sprache leider nicht beherrschen und wenn es etwas Wichtiges gibt, möge der Nachwuchs doch bitte die gemeinsam erlernte Sprache nutzen, um sich zu artikulieren. So kann man seinem Kind auch Rechtschreibung beibringen. Wenn ein Satz Fehler enthält, antworten Sie einfach, dass Sie nicht wissen, was Ihr Kind von Ihnen will. Diese Erziehungsmaßnahme wirkt Wunder, garantiert!

Es ist aber nicht nur die Generation 2000, also die Kids und Jugendlichen, die mit ihren Nachrichten so ausführlich daherkommen.

Fundstück #34

Warum ich vegane Freunde habe? Damit das letzte Schnitzel im Kühlschrank auch wirklich mir gehört!

Gespräche per WhatsApp –
mit meiner Generation

Ganz ehrlich, die WhatsApp-Kommunikation mit Freunden und Verwandten in meinem Alter ist keinen Deut besser als der Nachrichtenaustausch mit den Kids. Aber sie ist anders. Das Gute an WhatsApp ist, dass man unangenehmen Themen aus dem Weg gehen kann. Man liest eine Nachricht, aber antwortet einfach nicht darauf. Genau das können zumindest die Whats-App-Buddys in meinem Alter ziemlich gut. Ich kenne das von einer Freundin. Wir lernten uns auf der Arbeit kennen und haben seitdem eine ganze Menge gemeinsam unternommen und erlebt. Sie ist eine gute Freundin, okay, ja, sie ist Vegetarierin, aber das ist ja wirklich nur ein kleiner Makel, der allerdings im folgenden Dialog eine wichtige Rolle spielt.

Ich liebe Geflügelrollen, diese Hackfleischrollen aus Geflügelfleisch, die in Blätterteig gebacken werden. Die gibt es bei uns an der Tankstelle um die Ecke oder wahlweise nach 15 Minuten Autofahrt bei dem Discounter, bei dem sie arbeitet. Sie werden vermutlich auch ziemlich rasch dem *Ich-verstehe-diese-Person-nicht-Club* beitreten wollen, wenn Sie unseren Nachrichten folgen:

Sie:

»Hi wie geht's? Was machst Du?«

Ich:

»Hi, alles gut, und bei Dir? Ich ziehe mich an, will schnell zur Tanke, mir ein paar Geflügelrollen holen.«

Sie:

»Warum holst Du die Dir nicht bei uns im Discounter?«

Ich:

»Bist Du arbeiten? Ich dachte, Du hast frei heute?«

Sie:

»Ich habe heute frei.«

Ich:

»Und warum soll ich dann 15 Minuten zum Discounter fahren, wenn ich die Tanke vor der Türe haben? Preislich ist es dasselbe am Ende!«

Es kam eine Antwort, mit der ich nie im Leben gerechnet habe.

Sie:

»Die bei uns im Laden schmecken doch viel besser.«

Ich las die Antwort mehrmals und verstehe sie ehrlich gesagt bis heute nicht. Ich antwortete ihr:

»Ähm, bist du nicht Vegetarierin? Habe ich etwas verpasst? Ich rede von *Geflügel*rollen. Da ist Fleisch drin und das essen Vegetarier üblicherweise nicht.«

Es kam, wie ich es vorhergesagt habe: Ich bekam keine Antwort mehr.

Auch wenn wir uns bis heute noch Hunderte Male gesehen und Tausende Male geschrieben haben, habe ich dennoch bis heute keine Antwort auf diese Frage erhalten. Wenn Sie jetzt denken, dass meine Freundin die Geflügelrollen vielleicht früher einmal probiert hatte, bevor sie sich für das fleischlose Dasein entschieden hat, kann ich Ihnen versichern, dass das nicht möglich ist, denn sie ist seit ihrem zwölften Lebensjahr Vegetarierin und die Geflügelrollen im Laden gibt es erst seit wenigen Jahren.

Laden Sie übrigens nie einen Veganer oder Vegetarier zum Grillen ein und bieten ihm Ihren frischen Kompost zum Essen an. Klar, bei Freunden sorgt das für lautes Gelächter, aber ich muss bis heute mit der Konsequenz leben, dass ich diesen Spruch noch nach etlichen Jahren vorgehalten bekomme. Gehen Sie auch nie zu einem Vegetarier zum Grillen, wenn Sie diesen Spruch vorher gebracht haben ... Am besten suchen Sie sich einen McDonald's in der näheren Umgebung, der lange geöffnet hat.

Es gab noch ein weiteres Gespräch mit meiner Bekannten, das sie wiederum nicht lustig fand, aber diesmal war ich derjenige, der keine Lust hatte, ihr eine Frage zu beantworten.

Wir waren zusammen in der Stadt unterwegs und standen in einem Laden vor einem Stapel aus Kopfkissen und Bettdecken. Sie überlegte, sich neues Bettzeug zu kaufen und war unsicher, ob sie Daunen oder Federn nehmen soll. Tendenziell hätte ich ja von einer Vegetarierin erwartet, dass sie komplett auf tierische Produkte verzichtet und lieber zu den Kissen mit Kunstfaser-Füllung greift, aber da lag ich offenbar falsch. Gut, sie wollte die Dinger ja auch nicht essen. Sie stand vor dem Regal und wollte von mir wissen, was ich denn zuhause im Kopfkissen habe, Daunen oder Federn. Nun, ich bin ein Kerl, also lautet die Antwort: *Was weiß ich?!* Genauso sagte ich es ihr auch, aber sie ließ keine Ruhe. Sie überhäufte mich mit Fragen, wie »Na, wenn du das Kissen anfasst, knirscht es dann?« Ich hatte wirklich keine Ahnung. Für die Zeit unseres Shoppingtrips war das Thema dann auch erst mal durch. Bis ich zuhause war. Denn dort bimmelte mein Smartphone und signalisierte, dass eine WhatsApp eingegangen war. Tja, wenn es ums Shopping geht, können manche Frauen schon ziemlich anstrengend sein.

Sie: Jetzt sag doch mal, ob Ihr Daunen oder Federn habt?

Ich: Ich habe keine Ahnung.

Na, dann geh doch mal ins Schlafzimmer und fass die Kissen an. Wenn die knistern, habt ihr Daunen.

Ich hatte darauf echt keine Lust, denn ich lag im Garten in der Sonne und erholte mich von der anstrengenden Shoppingtour mit ihr.

Aber was hast Du davon, wenn Du weißt, ob wir Federn oder Daunen haben? Es heißt ja nicht, dass Du das dann auch toll findest.

Ich möchte das gern wissen.

Okay, sie sucht also eindeutig Streit, und in solchen Fällen kann es von mir nur eine dumme Antwort geben.

Darf ich Dir etwas gestehen?

Ja klar, was ist los?

Na, Du weißt ja, dass ich Autor bin und nicht viel verdiene, darum decke ich mich aufgrund der drohenden Obdachlosigkeit schon mal zu Übungszwecken mit Zeitungen zu. Ich nehme aber nur Zeitungen, die älter sind als ein Jahr, denn aktuelle Themen regen mich immer so auf.

Ich sah zwei blaue Häkchen, sie hatte die Antwort also gelesen. Ich bekam aber zunächst keine Antwort. Zumindest nicht sofort. Doch was sie mir dann gut 20 Minuten später schrieb, schockierte mich:

Wenn Du mir nicht sagen willst, ob ihr Daunen oder Federn habt, dann sag das doch einfach.

Ja, mein Fehler, wie soll eine Frau auch wissen, wenn man ihr dreißig Mal schreibt, dass man etwas nicht sagen will, dass man das dann auch wirklich nicht sagen will. Es war mein Fehler. Es tut mir leid.

Da lobe ich mir doch die Generation 2000: Lieber kurze und klare Antworten, als regelmäßig in Missverständnis-Fallen zu tappen, so wie es mir bei meiner Freundin regelmäßig passiert.

Aber das ist alles kein Vergleich zu der Generation 50 plus, wie ich in verstörender Weise nachfolgend festhalten muss.

Fundstück #35
Ohne Scheiß, mein Opa hat mich auf
WhatsApp blockiert.

Gespräche per WhatsApp – mit der älteren Generation

Ist Ihnen mal aufgefallen, dass immer mehr ältere Leute mit ihrem Smartphone in der Hand beim Arzt sitzen? So viel dazu, dass nur die Jugend ununterbrochen auf die Dinger gafft.

Wie ich bereits erläutert habe, hat meine Mama auch ein Smartphone und darauf natürlich auch WhatsApp installiert. Und wenn ich ihr schreibe und nicht sofort eine Antwort erhalte, denke ich immer gleich das Schlimmste, an Unfälle, Krankenhäuser und so weiter. Ich bin eben etwas paranoid.

Meistens ist es am Ende dann irgendeine Lappalie, wie *ich konnte mein Handy nicht finden*. Ganz recht, meine Mutter und die Freunde in ihrem Alter sagen zum Smartphone immer noch Handy. Sagen Sie das mal zu Kids und Jugendlichen: *Hey, zeig mal dein Handy*. Sie werden sterben an den Blicken dieser Kids. Für die wäre es am besten, wenn sie schon aus fünfzig Meter Entfernung nicht nur die Herstellermarke, sondern auch das konkrete Modell erkennen können: *Hey, zeig mal dein HTC Advantage X9500 Shift Touch Control enhanced mit Beats Audio*. So wird ein Schuh draus!

Aber das will ich von meiner Mutter gar nicht verlangen, die sich stets neue Ausreden ausdenkt, warum sie nicht antwortet. Gern genommen zum Beispiel: *Ich hatte meine Brille nicht dabei und konnte die Nachricht nicht lesen*. Und ganz neu im Ausredenpool: *Ich habe dir doch geschrieben, oh, aber ich habe wohl vergessen, das Ganze abzuschicken*. Prima, wenn man diese Nachricht liest, zitternd auf einer Liege, vollgepumpt mit Beruhigungsmitteln in der Notaufnahme, weil man dachte, dass Gott weiß was passiert wäre.

Was ältere Leute auch gern machen, ist, Nachrichten bis zu 100 Mal zu senden. Ja, die Zahlen sind ein wenig übertrieben, aber nur ein bisschen. Wenn ich dann darauf aufmerksam mache, dass ich die Nachricht oder das Bild schon bekommen habe, kommt die Antwort: *Huch, habe ich Dir das schon geschickt? Das sollte nicht an Dich gehen, sondern an Deinen Bruder.* Da ich auch diese Nachricht mehrfach bekomme, frage ich mich gerade, ob ich noch mehr Brüder habe, von denen ich nichts weiß. Ich sollte vielleicht mal ein ernstes Wort mit meiner Mutter reden? Aber besser nicht per WhatsApp.

Denn wehe, man sagt etwas Freches, dann kommen sie plötzlich wunderbar mit der ach so komplizierten Technik klar und können einen dann sofort blockieren. Die Blockierung löschen schaffen sie interessanterweise meist nicht von allein, aber das ist ja ein anderes Thema.

 Ratgeber: Gespräche per WhatsApp richtig führen

1) Arbeiten Sie an Ihrer Erwartungshaltung: Vermuten Sie niemals, dass Ihr Gegenüber Ihnen etwas wirklich Relevantes per WhatsApp mitteilen will. Wäre das der Fall, würde es sich nicht per WhatsApp melden, sondern vielleicht doch eher per SMS, das ist förmlicher.

2) Zählen Sie Häkchen. Wenn Sie die Summe von 100 Lese-Bestätigungs-Häkchen hinter den Nachrichten an Ihren WhatsApp-Buddy erreicht haben, ohne eine Antwort erhalten zu haben, können Sie das Smartphone getrost zum Aufladen weglegen, die Wahrscheinlichkeit, dass Sie innerhalb der kommenden 30 Sekunden eine Antwort erhalten, ist 1:100.

3) Seien Sie gewappnet. Interpretieren Sie alle denkbaren Auslegungsarten der Nachricht, die Sie bekommen haben, bevor Sie antworten. Lassen Sie sich nicht von Emoticons täuschen, die Wahrheit findet sich häufig zwischen den Zeilen, und ein *Ich liebe dich*, gefolgt von einem Herz- und Kusssymbol, heißt

noch lange nicht, dass Sie sich auf einen romantischen Abend freuen können. Denken Sie den Satz zu Ende: *Ich liebe dich, mein Schatz, es ist doch okay, dass meine Kumpels heute Abend zum Fußball und auf ein paar Biere vorbeikommen?* Oder *Ich liebe dich mein Süßer, hast du eigentlich das tolle Kopftuch von Armani für nur 389,90 Euro gesehen, das sähe so toll aus an mir ...* Wie gesagt: Denken Sie die Sätze zu Ende.

Fundstück #36
Ein Spermium enthält 36,5 MB DNA-Daten. Eine Ejakulation entspricht damit dem Datentransfer von ca. 1.500 Terrabyte in nur drei Sekunden. Und ich dachte wirklich, DSL ist schnell.

Die Porno-Industrie

Für viele Menschen ist es dank des Internets leichter geworden, erotische Filme zu schauen. Damals, als man zum Porno-Gucken zuerst in die Videothek gehen musste, hat man sich verkleidet, damit man von niemandem erkannt wurde. Manchmal ist man auch in eine andere Stadt gefahren und hat sich trotzdem verkleidet. Und damit wurden Sexfilme auch zu einem ganz anderen Erlebnis, als sie es heute sind.

Unsere Gesellschaft ist diesbezüglich viel lockerer geworden, so wird im Fernsehen schon im Nachmittagsprogramm Werbung für Dildos und andere Sexspielzeuge gemacht. Ein Paar wird vor laufender Kamera nach dem Sex interviewt und erzählt, was sie mit der Peitsche gemacht haben. Ganz ehrlich, da wissen selbst Ihre Kids, dass da keine Pferde im Spiel waren, obwohl ... nein, das lassen wir lieber. Und der Werbespot kommt zum Ende, und die Homepageadresse wird eingeblendet: EIS.de.

Als ich den Spot zum ersten Mal sah, schnappte ich mir mein Smartphone und surfte zu Eis.de. Sie haben mitbekommen, dass ich gerne online bestelle, also wäre es doch prima, sich nach der Pizza noch einen schönen Erdbeerbecher nach Hause liefern zu lassen. Aber da gab es keinen Erdbeerbecher, auch kein Spaghetti-Eis, nicht mal Zabaione. Okay, das eine oder andere erinnerte mich an ein Bananen-Split, aber das war auch nicht wirklich was zum Essen.

In Zeiten, in denen *Fifty Shades of Grey* aus den Bestsellerlisten der Bücher, Hörbücher, DVDs und den Kinocharts nicht mehr wegzudenken ist, kann man auch getrost Werbung für Sexspielzeuge machen. Und weil das Internet anonym ist, kann man sich in Ruhe alles anschauen und muss sich nicht erst umständlich verkleiden und in die Videothek gehen in einem Dorf, wo einen ohnehin jeder erkennt, ob mit oder ohne Verkleidung.

Aber Sie können in eine andere Falle tappen, je nachdem, wie vernetzt Sie sind. Es ist schon ein besonderer Moment, wenn Sie mit Ihrer Schwiegermutter vom Brunch zurück nach Hause kommen und Ihr Amazon Echo Sie freudig begrüßt mit der Nachricht *Hallo Petra, deine Bestellung, Strukturierter G-Punkt Vibrator aus Silikon, 15,5 cm, ist soeben versandt worden.*

Dann kommt dazu, dass wir Smartphone-Besitzer allzeit eine Webcam bei uns tragen. Für Kids führt das zu schwierigen Entscheidungen: *Werde ich YouTube-Star oder werde ich Pornostar?* Hey, Du hast ein Smartphone, Du kannst also beides werden. Wie wir bereits gelernt haben: Eltern sorgen sich heutzutage nur noch um zwei Dinge, um das, was die Jungs runterladen und um das, was die Mädchen hochladen.

Und dann passiert es schließlich noch, dass nette, kleine Videos im Internet zu finden sind, die es dort eigentlich gar nicht geben sollte. Diese hochgeladenen Meisterwerke der Pornografie sind recht häufig Racheakte von verprellten Ex-Liebhabern oder Ex-Partnern, denen mit dem Hochladen der privaten Sexfilmchen ein Denkzettel verpasst werden soll. Gut, man darf auch nicht vergessen, dass Menschen auf diese Weise berühmt wurden, Paris Hilton oder Kim Kardashian sind beste Beispiele dafür.

Klicken Sie doch mal auf die Funktion *häufigste Suchanfragen* bei Google. Da soll noch einer sagen, die Deutschen wären prüde.

❗ Ratgeber: Mehr Spaß mit dem Smartphone

1) Koppeln Sie Ihr Smartphone per Bluetooth mit Ihrem Autoradio und lassen diesen heißen Porno in voller Lautstärke laufen, wenn Sie mit heruntergelassener Seitenscheibe (Beifahrerseite) an der roten Ampel stehen, wo die Fußgänger gerade die Kreuzung

überqueren wollen. Filmen Sie parallel die Reaktionen der Fußgänger.

2) Verbinden Sie Ihr Smartphone per Apple-TV oder Google Chro-
mecast mit einem Beamer (ja, das ist möglich) und richten Sie
den Beamer von Ihrem Küchenfenster aus auf die gegenüberlie-
gende Hauswand. Starten Sie den Blockbuster »Sex-Exzesse auf
der Orgasmus-Insel Teil VIII« und filmen Sie dann die Unfälle, die
unten auf der Straßenkreuzung passieren werden.

3) Laden Sie die Videos der Fußgänger- und Autounfälle bei
YouPorn hoch. Das wird die User dort zwar nicht interessieren,
aber Sie kommen ziemlich sicher in die Zeitung. Und in eine
Zelle, aber wo gehobelt wird ...

Das Ende

Nun haben Sie das gesamte, kompakte Wissen rund um Ihr Smartphone. Sie kennen die wichtigsten Bedienfunktionen, die relevanten Programme und noch relevanteren Spiele, ich habe Sie vor Gefahren gewarnt und Ihnen beigebracht, welchen Zusatznutzen das kleine Gerät in Ihrer Hosentasche haben kann.

Und anstatt es mir zu danken, haben Sie an dieser Stelle nichts Besseres zu tun, als die Amazon-App, thalia.de oder den iBook-Store zu starten, den Buchtitel herauszusuchen und dem Buch maximal drei Sterne zu geben, habe ich Recht?

Warum ich das weiß? Nun, mir würde es ja genauso gehen, wenn ich so vorgeführt werden würde; ich habe Sie enttarnt, Ihre 1990er-Videotheken-Verkleidung zieht bei mir nicht! Wenn Sie es tatsächlich bis hierhin geschafft haben, sind Sie – ganz klar und ohne Drumherumgerede – ein Smombie, abhängig von Ihrem Smartphone, Tag und Nacht. Vermutlich liegt das Ding sogar beim Sex neben Ihnen im Bett, klar, Ihrem Partner sagen Sie, Sie machen ein heißes Video, in Wirklichkeit checken Sie aber noch kurz die E-Mails und erreichen das nächste Level von Candy Crush.

Ja, das ist frech und klingt gemein, aber unsere Welt steht am Smartphone-Abgrund und Sie sind daran nicht unschuldig. Sie können mir nicht erzählen, dass Sie dieses Buch gelesen haben, weil der Zeitungsbote mal wieder vergessen hat, Ihnen die BILD-Zeitung als Toilettenlektüre auszuliefern. Oder weil Ihnen das Buch geschenkt wurde von jemandem, der keine Ahnung hatte, dass Sie gar kein Smartphone besitzen. Bullshit! Sie haben dieses Buch gelesen, weil Sie schon beim Lesen des Klappentextes wussten, dass es ein Buch über Sie ist, über *Ihr* Leben mit dem Smartphone. Haben Sie geschmunzelt, als Sie sich wiedererkannt haben in der einen oder anderen Situation? Haben Sie geflucht und gedroht, das Buch zu zerreißen, als ich Ihnen vorgeführt habe, wie seltsam Sie manchmal auf andere wirken, wenn Sie Ihre Augen mal wieder nicht vom Display wegbekommen? Oder haben Sie ein Kopftuch gekauft?

Also, wenn Sie mir wirklich weismachen wollen, dass Sie sich ganz und gar nicht angesprochen fühlen von den Erkenntnissen, die hier niedergeschrieben stehen, dann haben Sie nur eine Chance, sich öffentlich zu distanzieren, indem Sie dieses Buch auf allen Verkaufsplattformen mit *gut* bewerten.

Oh, es klingelt an der Tür. Das ist der DHL-Bote mit meinem neuen Smartphone. Dann muss ich an dieser Stelle Schluss machen und mich auf mein echtes Leben mit meinem neuen Glücksbringer konzentrieren.

ENDE
der Werbeverkaufsveranstaltung

Abkürzungsverzeichnis

Alle im Text mit einem Stern (*) gekennzeichneten Wörter oder
Abkürzungen werden hier erläutert.

^^	Hochgezogene Augenbrauen. Kontextbezogen, kann alles Mögliche bedeuten, am besten ignorieren.
4K	Siehe »HD« – sieht nur *noch toller* aus.
AFK	Eine Abkürzung für »Away from Keyboard« und bedeutet »ich muss mal kurz aufs Klo«
Basic	Basic ist eine schöne, alte Computersprache, die mithilfe der Commodore-Computer kurzzeitig Weltruhm erlangte. Sie war leicht zu erlernen, und so programmierten in den frühen 1980er-Jahren Millionen picklige Kids tolle Programme wie »Fang die Maus«, die man nur leider auf den zweifarbigen, grün-schwarzen Bildschirmen der damaligen Zeit nicht spielen konnte, weil Maus und Jäger nicht zu unterscheiden waren, es waren ja beide nur Pixel in der Größe einer Kinderfaust.

BFF	Noch eine Abkürzung: »Best Friends Forever« und heißt so viel wie »im nächsten Schuljahr hängen wir ein bisschen zusammen ab«
BTRL	Eine Abkürzung für »Back to real life« und bedeutet, man ist mit den Eltern einkaufen oder auf Klassenfahrt
Cloud	Englisch für Wolke. In den Wolken können Sie alles speichern, was nicht niet- und nagelfest ist. Sie sollten nur immer die Windrichtung im Blick behalten, immerhin sollten Sie ja wissen, wohin die Wolken mit Ihren Daten ziehen. Man muss natürlich ein wenig vorsichtig sein, denn wenn es regnet, ist plötzlich wieder alles weg. Aber auf Regen folgt bekanntlich Sonnenschein, somit kein Grund zu gesteigerter Panik.
Emoticons	Darüber kann man ein eigenes Buch schreiben. Emoticons sind Stimmungen und Gesichtsausdrücke, die vor Jahrzehnten durch geschickte Aneinanderreihung von Interpunktionssymbolen entwickelt wurden. Um den tieferen Sinn der Emoticons zu erkennen, musste man früher seinen Röhrenbildschirm um 90 Grad nach rechts kippen, und so wurde aus *Doppelpunkt-Klammer-auf* ein lachendes bzw. grinsendes Gesicht. Wenn man den

	Röhrenbildschirm hingegen nach links drehte, bekam man einen halben Heiligen, weil der Heiligenschein nicht komplett geschlossen war. Wenn man den Bildschirm um ganze 180 Grad gedreht hat, bekam man ein *Klammer auf-Doppelpunkt* und konnte damit nichts anfangen. Wenn man den Bildschirm bei der ganzen Hin- und Her-Dreherei schließlich auf den Boden geworfen hat, ging er in über 90 Prozent aller dokumentierten Fälle kaputt.
HD	Die Abkürzung für »High Definition« (sieht toll aus).
HDGDL	Das ist eine Abkürzung für »Hab Dich ganz doll lieb«. Die Abkürzung wird vornehmlich von extrem schüchternen Menschen benutzt, die wissen, dass ihr Gegenüber die Abkürzung zwar nicht versteht, denen gegenüber sie aber dennoch ein Liebesgeständnis loswerden wollen. Das ist total aufregend, nicht?
IMEI	International Mobile Equipment Identity – das ist die Ausweisnummer Ihres Mobilgeräts. Sie besteht aus 15 Ziffern und kann durch die Eingabe der Tastenkombination *#06# abgerufen werden. Multiplizieren Sie diese Zahl mit 2, erhalten Sie eine Zwimei.

IP-Adresse	Das ist die Online-Adresse eines Netzwerks, Routers usw. Anstelle von »Hauptstraße 17« lauten diese Adressen beispielsweise »192.0.2.42«. Da sich diesen Nummernsalat aber niemand merken kann, wird die Nummer protokolliert im sogenannten Internet-Protokoll, kurz IP.
klickgeil	Sammler von virtuellen Zustimmungsbekundungen.
Macho-Kasse	nicht reale Sammelstelle für Bußgelder aufgrund von Verstößen gegen das Gleichstellungsgesetz.
PDF	Die Abkürzung für »Portables Dokumenten Format«, oh Mann, wer lässt sich solche Worthülsen einfallen? Zeigen Sie mir doch mal nicht-portable Dokumente. Sind das Briefe, die in Stein gemeißelt sind, wie vor 10.000 Jahren, oder was? Ein PDF ist einfach ein Blatt Papier, das man von einem Computer zum anderen schicken kann. Bitte, geht doch.
ROFL	Auch eine Abkürzung: »Rolling on the floor laughing« (Ich rolle mich vor Lachen über den Boden). Warum bei der Abkürzung die englische Grammatik so völlig falsch eingesetzt wird, kann nur daran liegen, dass sich irgendein deutscher Depp diese Abkürzung hat einfallen las-

	sen, oder er wollte eigentlich »ROLF« schreiben und brauchte eine passende Ausrede …
SMS	Die Abkürzung für »Short Massage Service«. Diesen ungewöhnlich entspannenden Dienst verdanken wir der Erfindung der Vibration von Handys und Smartphones. Wenn das Gerät vibriert, zum Beispiel weil ein Anruf eingeht, kann man sich das Smartphone auf die Schultern oder den Rücken legen und bekommt eine kurze Massage. Das ist angenehm. Sie können in der Bedienungsanleitung Ihres Smartphones nachlesen, wie Sie die Dauer der Vibration verstärken und zeitlich an Ihre Bedürfnisse anpassen können.
	Der Vollständigkeit halber sei erwähnt, dass in zwielichtigen Internet-Foren eine andere Auflösung der Abkürzung SMS zu finden ist und anstelle der »Massage« von »Message« (also Nachricht) gesprochen wird, aber das ist natürlich Blödsinn: Wie sollte man sich von einer *Nachricht* massieren lassen?
Standby-Modus	Bitte warten Sie kurz, die Erklärfunktion ist ziemlich müde und braucht noch ein paar Minuten … ach, jetzt, da ist sie wieder, aufgewacht, also zurück aus dem Standby-Modus. Verstanden?

t9	t9 ist eine Abkürzung für »Text for 9 keys«, also *Text für neun Schlüssel*. Wenn Sie keine neun Schlüssel mit Text darauf besitzen, fragen Sie in der Nachbarschaft oder bei Verwandten. Wenn Sie alle Schlüssel beisammenhaben, können Sie stolz behaupten, Sie sind ein t9-Experte, Ihre Umwelt wird staunen.
URL	Url ist der Nachname eines im Jahr 2014 leider verstorbenen, österreichischen Politikers. Was er mit Smartphones zu tun hat, ist nicht vollumfänglich geklärt, es geht aber das Gerücht, dass der im Jahr 1934 geborene Sohn von Landwirten einen Weg gesucht hat, wie man schneller mit dem Traktor vom Bauernhof zum Feld und wieder zurück kommt. Dabei soll eine Überlegung gewesen sein, eine Autobahn zu erbauen, die Karl Url »Garten-Autobahn« taufte. Aufgrund der deutsch-österreichischen Sprachbarriere (oder wegen Google Translate) wurde in nachfolgenden Generationen aus der »Garten-Autobahn« die »Daten-Autobahn« und somit die Bezeichnung URL als Abkürzung zum schnelleren Erreichen einer Adresse im Internet genutzt.

Y2K	Sprich: »Ypsilon-zwei-Ka«. Eine Weiterentwicklung des Ford Ka, der von der Bundeswehr (Auto-Kennzeichen »Y«) zweimal getestet wurde; die Armee entschied sich dann aber doch für den Leopard-Panzer.

DANKSAGUNG

Oh Gott, wie schreibt man denn sowas? Ich habe das zwar oft gelesen, habe aber keinen Plan. Fangen wir an mit meinem Mann, der eigentlich die Hauptschuld an der ganzen Sache trägt, denn ohne ihn würde ich keine Bücher schreiben. Also danke!

Machen wir weiter mit Person Nummer zwei: Meine Mutter, auch ohne sie würde ich keine Bücher schreiben, denn ohne sie würde ich nicht auf der Welt sein. Also danke!

Auch ohne meinen großen und meinen ganz kleinen Neffen und meine Nichte (die Prinzessin) hätte ich das Buch nicht geschrieben, denn mir wäre nie aufgefallen, was bei der Generation nach mir eigentlich abgeht. Seitdem ich euch mit dem Smartphone erlebt habe, weiß ich, dass die Welt verloren ist ☺. Also danke!

Meine Schwester und Oliver: danke, dass ihr mir so viel erzählt habt, was eure drei Kids alles mit ihren Smartphones treiben. Ohne diese Infos wäre es deutlich schwieriger gewesen, dieses Buch zu schreiben. Also danke!

Meine sehr gute Freundin Frau L. *oder Mutti L.* Danke, dass du mir ebenfalls Beispiele deiner Tochter geschickt hast und so manche Sprüche. Du hast mir gezeigt, dass nicht nur meine Neffen und meine Nichte so seltsam drauf sind, sondern dass deren ganze Generation verloren ist. Also danke!

Voranstehende Personen wurden zum Schutz der Privatsphäre nicht namentlich genannt, außer Oliver.

Ich danke außerdem noch meinem (einen!) Bruder und allen meinen Freunden (ich weiß, kaum vorstellbar, aber Freunde habe ich tatsächlich). Also danke!

Ich danke Kim Kardashian und Heidi Klum, dass sie mir beim Erklären und Ausschmücken von Themen so selbstlos Modell gestanden haben. Also danke!

Ich danke der NSA, dass ich trotz meiner Google-Suchanfragen im Zuge der Recherche für dieses Buch (ich sage nur: Dildos, IS, Schafe und Exorzismus) noch nicht verhaftet wurde, seither lediglich extrem schräge Werbeeinblendungen bekomme. Also danke!

Und ich danke Sabine und Stefan, die es möglich gemacht haben, aus einem Buch ein Buch zu machen. Also: danke!

Und nun zu den wichtigsten Leuten, Ihr, die Ihr meine Bücher kauft und lest (das ist mein zweites Buch, also kann ich in Mehrzahl schreiben). Euch kann man gar nicht genug danken. Also DANKE, DANKE, DANKE.

Ach so, wenn ich *dich* jetzt vergessen habe in dieser Danksagung, dann ruf mich kurz an, schreib mir einen Brief oder lass mir sonstwie eine Nachricht zukommen. Dann schicke ich dir per WhatsApp oder wahlweise auch per SMS noch ein *Danke*. Für diesen einmaligen Service berechne ich dir dann einmalig 9,99 Euro.